North American Professional Engineer Career Development Guide

北美工程师职场事业指南

Grace Q. Tang P.Eng.

汤骐荣著

To All My Family And Friends

Thank you

Grace Q. Tang

Good, better, best,

Never let it rest.

'Til your good is better,

And your better is best.

序言

北美职场一直以其公平开放，自由竞争的魅力吸引着世界各地的职场精英角逐拼搏，希望自己在人生的道路上成功晋升，挑战高薪。然而，再好的运动员，没有好的教练也不可能成功。尤其很多有着外国教育背景的移民到北美的工程师们，在遭遇重大的社会文化背景冲击下，在新职业要求对工程师，医生，律师的教育背景和资格认证考核的情况下，很多人失去了珍贵的专业领域竞争的机会和资历。他们因为语言和文化背景的障碍，和没有条件系统地对自己的资历背景有正确的评估和了解，加之对北美的人文环境又知之甚少，因而在应聘工作，申请专业执照，和事业发展上面临了极大的挑战，而输掉了本身可以争取的可能有的大好前途和机会。

KEBY 职业精英俱乐部是 KEBY ENERGY 公司旗下的高端社交媒体，职业发展中心。我们高水准的专业指导帮助突破事业瓶颈，提升自己的职业生涯，把握高薪事业机会，成功实现自己的梦想。我们公司以专业的技术资历，积累了多年的成功帮助新工程师，工程类大学毕业生，外国移民工程师和各种技术人才招聘升职的经验。经我们指导的工程师执照申请人 98% 通过 PPE 并拿到职业工程师执照。新移民工程师最快一个半月拿到专业工作 Offer，顺利地进入北美职场。我们衷心希望大家在我们共同努力进步的事业发展的军校里，不断精进，更快更好地入职北美专业工作领域并实现自己的事业目标。

本书作者是职业工程师，北美资深高级工程管理专家，工程管理硕士/MBA，精通中 英文。先后任职于多家北美世界五百强知名企业，从事美国加拿大电力主网的基建项目，工程设计，运行维护和高级项目管理工作 20 余年。赴亚太地区日本，台湾，中国参加国际性大型工程项目，积累了丰富的工程技术经验。常年和国际性的大型公司合作（ABB，西门子，阿尔斯通，通用电气等）提供自动化和监控系统电力自动化工程的技术服务，成功完 成所有项目工程，多次获奖。在国际工程师协会 IEEE 经常发表科技论文，义务担任会务主席并积极参于各种职业工程师协会活动。热爱教育，精益求精。曾多次被加拿大政府移民服务机构邀请讲课，并受到嘉奖。曾经指导过众多外国移民工程师成功进入加拿大工程领域，其中很多人最终取得职业工程师执照，进入世界五百强企业工作。

我们的官方网站是www.kebyclub.online。欢迎大家随时对本书提出更好的建议。作为我们的读者，如果您希望参加我们的免费事业咨询活动，您可以直接电邮我们客户中心 member@kebyclub.online，了解具体详情。希望我们成为您事业发展的桥梁，并祝愿大家事业发达，早日到达理想的彼岸。

KEBY 职业精英俱乐部

目录

第一章 北美工程职场介绍

在本书中，我们重点介绍加拿大和美国两个北美的工程界的职业情况和要求。在北美，由于社会文化背景差异，很多步入北美职场的人遇到很多具体的由于人文背景差异而引起的挑战，对工作事业造成了很多影响。这里我们就对北美工作职场的主要的礼仪注意事项给大家做个介。当然这些是一般性的比较规范的原则，也不是一成不变的，但是大家可以作为非常有用的参考。

在北美，工程师均有成梯度的级别划分，但是个公司对级别的称呼略有不同，比如有些公司代号为 MP， 有的为 L，有些则为 E。一般来说，工程师职位有三类级别的等级划分：

初级：新入职场的本科生及研究生，也或是新移民的工程师应聘到初级实习工程师职位。

中级：一般拥有 5 年左右工作经验，具备一定的独立工作能力，是公司工程师团队的中坚力量。有些已经获得职业工程师的执照，可以审批设计图纸，批准盖章，在工程项目中担负重要的责任。

高级：一般是本行业的专家级的工程师，具备独立开展一个项目和带领团队执行日常工作的能力和资历，是负责重大项目和解决重要技术问题的专家。他们有着技术上优秀的能力和领导才能，很多人会从事监管项目的管理工作，而有的人本身也是部门经理。

一般来说，公司的规模越大，其对应的职称含金量也越高。工程师跳槽转工，会经过新公司对 candidates 过往经验资历、技术能力、薪金水平、当场面试情况等多方面结果的考察，最终根据新聘的岗位重新评级。一般来说，小公司转入大公司，通常会降 1-2 个级别。

对于职场新工程师来说，前三到四年最主要的目标是升级到职业工程师。对于在业界有一定影响力的大公司来说，这仅仅是工程师事业的的过渡阶段。用最快速度达到职业工程师对很多人来说，是非常重要的。工程师达到职业工程师水平后，一般都能独挡一面，拿得起自己负责的工作项目，按照计划完成任务。这个阶段主要需要对自己事业目标的进行规划，扩展事业人脉和发展自己的技术水平和管理能力。之后，就是循序渐进地在本行业里不断前进，追求事业上升的过程。

第二章 北美工作职场礼仪

职场礼仪，就是指在职业场所中大家应当遵循的一系列礼仪，教养和规范。中文名职场礼仪，外文名就是 workplace etiquette。学会这些礼仪规范，将使一个人的职业形象符合大众化标准，避免造成社交障碍，也会使个人的社交形象和技巧更加完善。职业形象包括内在的和外在的两种主要因素，而每一个职业工程师都需要有树立塑造并维护自我职业形象的意识。职业面试只是一次或多次和雇主直接面谈交流的机会，而职场礼仪则是每天面对真实工作的实战面试，其作用和效果令人不可小视。

职场礼仪的基本点非常简单。首先，要弄清职场礼仪与社交礼仪的本质区别，职场礼仪没有性别之分，但是职业工作中有教养的职业工作者总会尽量最好地表现自己的良好素质和修养，本着平等文明，礼貌合作的方式进行各种职场交流。比如，男士为女性开门这样的"绅士风度"在工作场合并不是必要的，如果条件允许，男士女士一起开会，男士们也会表现一下绅士风度，如果条件不允许，比如大家一起工作，也没有必要刻意为女士服务。请记住：工作场所，男女平等。下面我们分别介绍以下的各种可能的社交场景，供大家参考。

1. 介绍：

介绍和被介绍是社交中常见而重要环节。初次见面，相互介绍也很简单。一般原则为：将客人介绍给主人，将年纪轻的人介绍给年长者，将下级或职位低的介绍给上级或者职位高的人。

我们在工作中应本着体谅和尊重别人当作自己的指导原则。虽然这是显而易见的，但在工作场所却常常被人忽视。在北美，一般进行介绍的正确做法是将级别低的人介绍给级别高的人。例如，如果贵公司的首席执行官是鲍尔·马汀，而你要将一位叫做哈利·史密斯的总监介绍给他，正确的方法是"马汀先生，我想介绍您认识哈利·史密斯先生。"然后开始其它话题。

请注意的是如果你在进行介绍时忘记了别人的名字，不要显得惊慌尴尬。我们都是凡人，记不住，你可以这样继续进行介绍，然后抱歉地问下"对不起，我一下想不起您的名字了。"然后按照正常程序介绍就可以了。与进行弥补性的介绍相比，不进行介绍是更大的失礼。

一般而言，北美的基本习俗比较相似，美国人和加拿大人也以友好而不拘礼节、自由自在著称。工作日常活动中，同事之间一般都以First name 名字来称呼对方，即便是公司高层领导。当然在公共正式发言场合，大家对公司高层管理领导会以 Last Name 加上后缀，比如先生，长官，女士等等来称谓。

我们需要注意的是男士都可以称先生就是 Mr. 而女士则有三个不同的称谓，那就是 Ms.，Miss.和 Mrs.。请注意的是最保险的对女士的称谓是 Ms. 这个既可以称呼没有结婚的女士也可以称呼结婚的女士，是最规范的在职场应用的对女士的称谓。Mrs.是指太太，是对已婚妇女的称呼 而 Miss.是小姐的意思，是对没有结婚的女士的称呼。

在北美大家一般都会友好地和陌生人打打招呼，不见得便是想和交朋友；一场愉快的交谈，也不见得会变成朋友，而是在北美大家都会一般以愉快的心情应对。只在正式场合行握手礼，一般场合见面时相视一笑，或者说声"嗨！Hi!"或"哈罗！Hello!"即为见面礼节。

在北美，大家生活工作中，相互称呼直呼姓名，一般不用"先生"、"太太"、"小姐"等称呼，一般也不用正式头衔。只对法官、医生、高级官员、教授、高级神职人员称呼头衔。一般不用职务作为称呼。称呼长者忌用"老"字。在这里的老年人也没有习惯需要年轻人照顾，让座的习惯等等。但是你如果可以，也可以客气地询问一下老人是否需要，"Would you like to sit down?"了解对方是否愿意你让座。

正式介绍一般在在较为正式、庄重的场合。通常有两个通行的介绍原则：一般是把年轻的人介绍给年长的人；第二是把男性介绍给女性。在介绍过程中，先提某人的名字是对此人的一种尊敬。比如，要把 Harry 介绍给一个 Mary 的女性，就可以这样介绍："Harry，让我把

Mary 介绍给你好吗?"然后给双方作介绍: "这位是 Mary,这位是 Harry。"假若女方是你的太太,那你就先介绍对方,后介绍自己的太太,这样才能不失礼节。再如,把一位年纪轻的女士 Lisa 介绍给一位德高望重的长辈,则不论性别,均应先提这位长辈,可以这样说: "Mr. Smith,我很荣幸能介绍 Lisa 来见您。"

在进行正式介绍时,最好是姓名并提,还可附加简短的说明,比如担任职务、学位背景、爱好特长等等。这种介绍方式同时给双方提供了交流的共同话题。比如谈被介绍的双方的共同点,喜好。又如谈及他们共知的地方,共同的学校,共同的社会交往,等等,这样无疑会让初识的交谈顺利发展。

非正式介绍就是在一般的、非正式的场合介绍双方,而不需要过于拘泥礼节。一般可以做简单的介绍: "我来介绍一下",不必过于讲究先介绍谁、后介绍谁的规则。最简单的方式恐怕莫过于直接报出被介绍者各自的姓名。也不妨加上"这位是"、"这就是"之类的话以加强语气,使被介绍人感到亲切和自然。在把一个朋友向众人作介绍时,说句"诸位,这位是凯西。"用英文表达就是: "Hi, Everybody, this is Cathy."也就可以了。

在工作场合,在没有人介绍的情况下你也可以直截了当地自我介绍: "My name is Lisa, very nice to meet you。"即使是素昧平生也没什么关系,只要你能彬彬有礼,对方自然也会以礼相待。

如果由你负责出面组织一个聚会,届时你就应站在门口欢迎来客。如果是正式一点的私人聚会,女主人则应站在门口,男主人站在她旁边,两人均须与每一位来客握手问候。按现代西方礼节，当一位妇女走进房内，在座的男子应起立为礼。但若在座之中也有妇女的话，则此礼可免，这时只需男女主人和其家人起身迎客就行了。一般来讲，男子应等女子入座后自己再就座。如果有位女子走过来和某男子交谈，他就应站起来说话。但如果是在某种公共场所，如剧院、餐馆等，没有条件拘礼，也不必过于讲究这种传统礼节，以免影响别人的正常活动。

交谈时忌问年龄、家庭状况、婚姻状况、宗教信仰、经济收入以及其他私生活情况。见面打招呼也切记不问对方去对方吃了什么，去什么地方和干什么事。公共场合重视礼貌用语，家庭里也常用"请"、"谢谢"、"对不起"等。交谈距离一般保持 50 厘米以上。有的国家或种族可能会有习惯靠近与之言谈的人，你也不要惊慌，保持自己觉得舒适的距离就好。如果因为某种原因，不得不靠拢他人就座时，那先要征得对方同意。交谈时声音不可太大，在公众场合更不可旁若无人地大笑，更不可大声争吵。惊讶时不可伸舌头（伸舌头是污辱他人之举）。

在北美，交谈、示意喜欢用手势。请人接电话，用听电话的手势；请侍者结帐，用写字的手势。习惯于打过招呼即谈正事，不送茶、寒喧。美国人不把互赠名片视为礼节，只为便于日后联系时才送名片。送名片给他人时并不期待他人回送名片。但是作为礼仪，一般条件许可，你也希望和对方保持联系，可以回赠自己的名片。

在交谈时要注意：常面带微笑，碰到认识的朋友时，主动的问候对方，别人问候你，也要反问候对方，表示关心。说话时语气诚恳、态度大方，当别人问候你时，回答尽量简洁。多赞美对方。眼睛要亮一点，关注自己周围的人。当对方改变发型时，看人家的相片，有好的地方时要尽量赞美；不好的，可用另一个角度来欣赏，小的地方，不要随意批评别人。可以说"how cute！"。如果走路在过道上，电梯上要超越别人，别忘了说"Excuse me."。如果要请人帮忙做事，一定要注意说"Please."和"Thank You."。要注意自己的仪容整洁：千万不要邋遢，让身体或口腔的有异味，或者当众抓挠头发和掏耳朵，化妆，吃东西，整理头皮屑等等都是非常失礼而且不雅的行为，是令人很不愉快的。

2. 握手

握手是一种基本的社交行为。通过握手，人与人的身体接触，能够给人留下深刻的印象。在北美职场，一般通过当与某人握手，我们会感觉对方的一些性格特征，从而产生积极或消极的的感觉。一般说来，北美提倡有力干练的握手、眼睛平视对方，面带微笑，这样的姿势将会搭起积极交流的舞台。为了避免在介绍时发生误会，不可以太用劲握手，摇甩，也不要以态度轻率，在没有任何原因的情况下拒绝和对方握手。

一般在介绍后，被介绍方会握手以示礼仪。一般握手须简短有力，在北美，大家普遍认为有力的握手代表诚恳坦率。在公务场合，女子会主动伸手（其他场合则不一定），女性先伸手，男性才能握女性的手（女性之间一般不互相握手）。若女士无意握手，则男士点头或鞠躬致意。与女士握手不可太紧。握手前应脱手套，来不及脱应致歉。关系密切的亲朋之间，可行亲吻礼，女子之间互吻面颊，男女之间由男子吻女子面颊。对于别人的握手、拥抱、吻手、注目、点头等礼节，在北美的文化背景中也以同样方式回礼。告别时也不必握手，挥挥手说声"Goodbye!"即可。如果你期待不久还会和对方见面，就说"See you later."。

比如你如果正在做园艺，手里有泥土不便与人握手，就可以用语言解释下，说你现在不方便握手，但是态度友好，积极和对方进行语音的交流以防止产生任何误会。一般男生和男生比较随意，没有太多讲究，谁都可以先与人打招呼时先伸出手。如果男士和女士握手，一般男士会等待女士伸手，如果因为宗教信仰的原因，有的宗教不允许女士握手，那么男士就不用勉强和女士握手。

了解、掌握并恰当地应用职场礼仪有助于完善和维护职场人的职业形象，会使你在工作中左右逢源，使你的事业蒸蒸日上，做一个成功职业人。成功的职业生涯并不意味着你要才华横溢，更重要的是在工作中你要有必需专业技能的职场技巧，用一种恰当合理方式与人沟通和交流，这样你才能在职场中赢得别人的尊重，才能在职场中发挥自己的才干，获得自己事业的成功。

3. 电子邮件

当代社会，电子邮件、传真和移动电话在给人们带来方便的同时，也带来了职场礼仪方面的新问题和挑战。在工作中，虽然你有随时直接走到别人的办公室或者工作台，找到别人的能力，但这并不意味着你就应当这样做。一般情况下，你需要预约，在对方方便的时间去谈论事务。因为现代社会，办公的压力使很多人不得不在同一时间做很多项工作，不约而至，会给别人带来困扰和麻烦。

虽然在许多公司里，电子邮件常常充斥着笑话、垃圾邮件和私人便条，与工作无关的东西。但是请记住，电子邮件是职业信件的一种，所以在工作中，最好不要滥用职业信件。尽量不要参与无关的笑话和传播没有不严肃的内容的电子邮件。

一般情况下，工作电子邮件需要及时回复。如果同事用电邮联系你的内容跟你的主要工作无关，也必须在24小时内回复对方。如果特殊情况下，无法及时回复对方，也要再回复时，说声抱歉。如果你总是过于滞后、甚至不理会同事的邮件，那么同事也会对你失去尊重和信任，陷入互相无视的恶性循环。

4. 传真

如果工作中需要收发传真，那么请注意传真应当包括你的联系信息、日期和页数。一般在公司都有专用的传真文件的格式，你应该问询好大家平常通用的格式，然后按照文件，撰写传真的短信，一般在传真的第一页。

因为大多数的公司都是很多部门或者员工用同一台传真机，所以经常会有很多传真发到同一处地方。因此，未经别人允许不要发传真，那样会浪费别人的纸张，占用别人的线路。而且在发了传真后，最好和对方通下电话，确认对方已经收到你发的文件。这样避免对方没有收到传真而耽误事情。

5. 手机

如果公司给你配了手机，那是为了工作方便联系，请一定注意不要私用。因为公司没有义务给你的私人事务买单。如果发现的话，会造成自己不好的影响。手机也要保管好，不要借给别人用。因为你不知道别人会怎样用你的工作手机。尤其是工作中需要保密的需要，把工作手机借给别人用，可能造成严重的后果。一般情况下，在工作联系时，尽量用自己的办公电话。如果出差，你多半不在办公室，或许在驾车、赶航班或是在无法使用办公室电话情况下，你需要用手机回复。

6. 道歉

即使你在社交礼仪上做得完美无缺，然而人无完人，我们也不可避免地在职场中冒犯了别人。如果发生这样的事情，真诚地道歉就可以了，保持职业化就好了，表达出你想表达的歉意，然后继续进行工作。

一般的冒犯别人，不是原则性的问题，尽量请同事在私下处理，把自己的道歉和对方当面在私下场合表达就可以了。对方不一定会接受，但是你需要做自己应该做的而且记住下次一定不要再犯。

如果你的失误造成问题相当严重，而且如果当面道歉只会扩大它的破坏作用，使得接受道歉的人更加不舒服。这时你首先需要非常细致地处理问题，让损失减少到最小，同时和同事协调一个恰当的解决办法。而且正确对待同事可能会有的发怒或者其他情绪化的行为。自己应该认清自己造成错误，而保持自己的礼仪和道德操守，妥善地处理好一切。

7. 电梯

电梯是一般工作场合中最容易忽视的环节。电梯虽然很小，但是在里面的学问很多，充满着对我们职业人的礼仪要求，以及怎样反映着自己的道德与修养。在下面的情况怎样正确处理自己的行为作为参考。

（1）在一个人在电梯里，不要看四下无人，就随意行动，因为一般公司都有监控设备，以防别人看到不该看到的隐私和不雅的行为。

（2）在公司有访客来和你谈业务，你需要在保安给你通电话后，尽快下楼去接访客。进入电梯后，按下自己要去的楼层按钮；行进中有其他人员进入，可主动询问要去几楼，帮忙按下。电梯内尽可能侧身面对客人，不用寒暄；到达目的楼层，一手按住开门按钮，另一手并做出请出的动作，可说："到了，您先请！"等自己的业务访客走出电梯后，自己立刻步出电梯，并热诚地引导行进的方向。

（3）谈完业务后，当送访客到电梯厅门前时，先按电梯按钮；电梯到达门打开时，可先行进入电梯，一手按开门按钮，另一手按住电梯侧门，请客人们进入。 一般公司对安全都有要求，如果你带来的访客，应该把访客安全送出公司的保安岗，确认访客离开工作区域，不能再私自进入办公区域。

（4）上下班时，电梯里面人非常多，先上来的人，要主动往里走，为后面上来的人腾出地方，后上的人，要视电梯内人的多少而行，当超载铃声响起，最后上来的人主动下来等后一趟。新进来的人们要主动的要求自己下电梯。

8. 着装

在一般的公司里面，每个公司都会对自己的白领员工有基本的着装要求。尤其是世界五百强企业，更要求员工正装上班，保持公司的良好形象。有的公司允许员工有一天可以穿休闲装上班，一般叫 classic casual 就是休闲的比较宽松的服装。这一般会安排在周五。这天如果公司允许穿牛仔服，那你可以穿，但是请不要穿着一些离奇古怪的衣服，包括有洞的牛仔装，或者露背露肚皮的服装。

现代社会办公着装已经又很多改变，不再要求员工每天西装革履地上班，更趋向休闲但是正规的服装。当你入职时，应该问询人力资源部安排入职的负责人，按公司规定弄清楚一个明确的着装要求。保险的策略是在工作之前咨询 HR 或你的主管，了解公司的 dress code，也可以观察同事的穿着，以作为自己的参考。

职业女性的着装仪表必须符合她本人的个性，体态特征、职位、企业文化、办公环境，志趣等等。女强人不应该一味模仿办公室里男士的服饰打扮，而是保持职业化，穿着打扮应该灵活有弹性，要学会怎样搭配衣服、鞋子、发型、首饰、化妆，使之完美和谐。在平时备用一套应急服装，以便特殊情况下换用。

对于职位高的员工，最好穿着好职业套装更显权威，选择一些质地好的套装。　要以套装为底色来选择衬衣、毛线衫、鞋子、袜子、围巾、腰带和首饰。首饰选择应该精简，不要带太多的珠光宝气，以显得不够专注工作。

每个人的肤色、发色、格调不同，所以适合她的颜色也不同，要选择一些合适自己颜色的套装，再根据套装色为底色配选其它装饰品。

9. 化妆

平时在工作场合，女士都需要稍作修饰，化好淡妆，可以让女性更具魅力，但不宜浓装艳抹。但是也不宜过度打扮会让人感到做作，过于简单会让人感到随便，总之有一个原则，每天的打扮必须要迎合你当天要会见的人们，符合自己的身份和专业度，让自己有个职业化的形象。

冬季主要服饰有套装、裙子、礼服、夹克：

稳重有权威的颜色包括：海军蓝、灰色、碳黑、淡蓝、黑色、栗色、锈色、棕色、驼色；工作服饰要避免浅黄、粉红、浅格绿或橘红色太过鲜艳的颜色。

工作服饰要少而精，重质量轻数量，讲究做工和面料，要合身。要切记你要买的衣服必须和你已买的衣服相配。

10. 发型和指甲

现代社会，男士和女士的发型多变，也和以前有很多不同。只要不离奇怪异，长短都不是很大问题。一般来说职业女士和男士都会把自己的头发整理好，干净利索，反映自己的职业面貌。

在职业女性中，染指甲已经司空见惯了，但指甲油的颜色不应该选得太过亮丽，这样会使别人的注意力只集中在你的指甲上，影响工作效果，最好选一些和你口红相配的颜色，有些人喜欢透明色指甲油，它是大众都能接受的颜色。

11. 鞋子

在工作中，每个岗位都会有不同的鞋子的穿着要求。比如常需要去现场考察的工程师，需要备用符合安全标准的安全鞋，一般都会需要保管好，放在自己的办公室。

如果你平时喜欢穿旅游鞋，请不要把旅游鞋穿进办公室，因为那显得非常没有修养，不懂正规办公场合的要求。一般工作场合以穿着皮鞋为佳。中跟或低跟皮鞋为好。保养好你的鞋，把它擦的干净光亮。鞋的颜色必须和服装的颜色相配，总之有一个原则就是鞋子的颜色必须深于衣服颜色，如果比服装颜色浅，比如白色，那么则必须和其他装饰品颜色相配或者协调。最好避免穿白色的鞋因为一般都会显得很突兀，不适合办公场合。尽量选择大气舒适的鞋子，因为一天的漫长的工作时间里可以更好地让自己的脚感到舒适。

12. 首饰和装饰品

在工作场合，职业女性希望表现的是她们的聪明才智，专业能力，所以要带首饰就必须是佩带简单首饰，显得高贵大气。 所有需要避免带摇摆晃动的耳环或一走路就会发出声响的项链，这样对自己专业形象的杀伤力极大，而且影响同事工作。办公首饰应该以简单典雅，没有声音，而且一定不要不宜太长太大。除非你工作在服饰时装的行业。

手提包要整齐细致，不要塞的满满的，在颜色选择上也要尽量选择百搭色，比如黑色，深棕色等等，好和你的服饰配搭。皮包上档次一些，如果经济许可，就选用质地比较好的皮包。

围巾颜色要有画龙点睛的作用，选用时注意和服饰搭配，不要太张扬就好了。冬天主要保暖，春秋主要配搭衣服。

办公室衬衣用途非常广。一般职业女士都需要支配几件常年穿着的衬衣。浅色的衬衣仍旧有权威性。深色的一般冬季穿着比较好。脖子长的女性不适合穿 V 型衫。买一两件戴花边的衬衣，在穿套装时搭配比较好。体型较胖的女性最好穿一身颜色一样的服饰。

13. 餐桌礼仪

进餐是工作场合经常会遇到的情景。我们需要了解北美文化和一般的就餐礼仪。

（1）餐桌上的座位顺序：

在北美，招待客人进餐时，一般大家都比较随意，没有太多讲究。但是好的位子比如窗边的席位、里面的席位上、能远望美景的席位还是需要注意的。

安排座位时，先请客人先人座；和自己上司同席时，请上司作好的位子，让后在身旁的席位坐下，你应站在椅子的左侧，右手拉开椅子，而且不发出声响。还有，预订座位时，应交待店方留好的位置，选不要厕所旁或高低不平或者阴暗的角落。

（2）、餐桌礼仪

北美的用餐都是独自点餐，一般不和大家分享同一份菜肴。 比较讲究卫生，如果是吃中餐或亚洲菜火锅等等，那大家一定是需要用公筷。吃饭时大家尽量保持和谐的气氛，不要大声发言，注意交谈时的面部表情和动作。吃饭尽量不要有声音，尤其喝汤也不要有响声。北美人最忌讳不雅的餐饮习惯。

14. 交谈礼仪

工作时在与同事或上司谈话时眼睛，要不时和对方做眼睛注视的交流。在北美，这是非常重要的。因为在这里，大家认为诚实的人谈话是可以看着对方眼睛说话，而没有隐藏的。一般需要在谈话中，不时看看对方，一般占到和对方谈话时间的2/3。并且要注意注视的部位。若注视额头上，属于公务型注视，不太重要的事情和时间也不太长的情况下；注视眼睛上，属于关注型注视；注视睛睛至唇部，属于社交型注视；注视眼睛到胸部，属于亲密型注视， 在工作中要避免。所以对不同的情况要注视对方的不同的部位。不能斜视和俯视。

在交谈中，要学会微笑，微笑很重要。保持微笑，可以保持好的气氛和自己的自信积极的工作态度。

另外，要尽量避免不必要的身体语言，比如跷二郎腿，抖动双腿，抓头皮，整理头发等不雅动作。当与别人谈话时不要双手交叉或者双手叉腰，身体晃动，一会倾向左边，一会倾向右边，或是摸摸头发、耳朵、鼻子给人以你不耐烦的感觉。

有的人喜欢一边说话一边在玩笔，有的人特别喜欢转笔，拨弄其它物品，需要知道这些动作在北美都是被认为很不礼貌的行为。表示对对方不尊重，看不起的意思。

15. 工作餐

在北美，工作餐是非常普通的一个场景。一些商务性的工作餐是避免不了的。然而，怎样礼仪正确地吃顿工作餐，却并不是为很多人所知晓。一些大公司、大客户，甚至通过工作餐，很容易地对某人的教育程度和社会地位迅速作出判断。而且在某些餐厅必须遵守一些最严格的规定，因此在这方面您应该具备一些简单的知识，有正确的举止和饮食方式，以免出丑或使客人尴尬。

一般公司对员工的工作餐都有要求的。主要是对不同场合，不同需要，和不同级别都有用餐价格，用餐次数和用餐规格的严格规定。大家应该向自己的经理询问清楚，在出差和平时工作餐的处理时才能做到正确安排。

晚餐可以是商务性质也可以是社交性质，不管是哪一种，都有正式，非正式之分。如果你应邀参加晚餐，但不知道是否是正式的，你应当直接问清楚。如果最后仍无法得知，那你就要以参加正式宴会的形式来着装，以免引起任何不愉快和惊讶的意外。

如果邀请异性的商务就餐，最好是选择午餐而不是晚餐。如果口头邀请你，你应给予口头答复。如果正式向收到请贴，那你就要书面答复，尽量尽快回复对方。如果需要谢绝商务性的邀请，一般最好应以业务的理由予以婉拒（如工作太忙、有另一个工作餐……）。千万不要以私人事务为由予以谢绝，因为这样会使人认为你的活动受私生活的约束而无法将时间倾注于工作上，因而可能对公司造成业务影响。

在选择餐馆时，要避免选择太个性化，或者罗曼蒂克的餐馆，最好在适宜商务会谈的餐馆定位。没空预定时，你可以选择一家北美比较认可的大众化的餐厅，保证其服务质量，等待时间不会太长。在请客吃饭时，应该尽量把最舒服的位子总是留给最重要的人。如果桌子位于角落里，你的客人的座位应当背墙，以便他能看到整个大厅或者看到最好的景色。

如果饮酒，你需要事先问清公司的规定，是否允许喝酒。如果允许的话，你应该了解北美的基本饮酒的礼仪。如果在你的餐巾前有好几个杯子，你应按十分明确的规矩用大杯盛水，中杯盛红葡萄酒，小杯盛白葡萄酒，而高脚杯盛香槟酒。一般在北美，侍应生会先上加冰的水，然后问询点餐。可能有的餐馆会给客人一点酒先试酒，或者你做东或者由你斟酒，那你应先斟自己的酒杯（仅倒满杯底）尝一尝。如果你认为酒味的确不佳（有瓶塞味或明显的涩味），那你应该要求换一瓶或者问询一下侍应生推荐一款卖相好的的酒。一切搞定后，你就按地位重要的顺序为你的客人斟酒。喝了酒后要用餐巾抹一下嘴唇，保持良好的仪表。

就餐时，在某些餐馆，餐桌上摆有好几副餐具：用于吃鱼的、吃肉的、吃色拉的和吃甜食的。如果你不知道要选用哪种，那么你只要记住首先要用靠最外边的餐具（吃色拉），最后用最近的（吃甜食）。一般小号的餐具是吃甜食的。还有注意的是左手拿叉，右手拿刀，食指稍微按在刀背上。不要用刀切面包而要用手掰面包。不要用刀而要用叉来切色拉。

与东方人的习惯相反，在西方，饭后极少使用牙签，一般会很讨厌剔牙这个不雅的习惯。因此如果你与北美的人一道就餐，一定不要剔牙。

结账时切记不要让你的客人看到或者猜到帐单的金额。绝不要议论价格和对帐单提出异议。最好的办法是吃完饭后你最后起身以便结帐。如果要向请你吃饭的主人道谢，应在饭馆外道别时，表示感谢而不要在付帐时进行。这样显得很没有修养。

16. 公务访谈

如果工作需要，你需要和同事或业务人员交谈有关工作的事宜，那需要注意的掌握公务谈话的技巧。

当谈话者超过三人时，应不时同其他所有的人都谈上几句话。谈论一个问题，需要先了解和谈论这四个 W：why, where, when 和 what。就是"Why did this happen?" "where did this happen?" "When did this happen?" and "What is the solution?"。

谈话重要要保持所有焦点都集中在点子上。不要让一些不管痛痒的话题被加进来，影响思考，当选择的话题过于专业，或不被众人感兴趣应立即止住，而不宜我行我素，只顾自己说话。当有人出面反驳自己时，不要恼羞成怒，Don't take it personally，而应心平气和地客观地与之讨论。

在自己讲话的同时也要善于聆听。谈话中不可能总处在"说"的位置上，只有善于聆听，才能真正做到有效的双向交流。听别人谈话就要让别人把话讲完，不要在别人讲得正起劲的时候，突然去打断或反驳。

如果对别人的谈话加以补充或发表意见，也要等到听完对方的发言后，再将自己的看法意见表达出来。在聆听中积极反馈是必要的，适时地点头、微笑或简单重复一下对方谈话的要点，尽量造成良好的交流气氛。

公务访谈一定要要掌握好会谈时间和告辞的最佳时机。一般性拜访，应该按照约好的时间和长度进行。一般以半小时到一小时为宜。若是参加会谈的人多，需要更多时间，则可视需要而安排。 太冗长的会议效果一般并不好。不如把会议主题安排好，一次解决好一定的问题。

17. 手机使用

在工作场合中，一定要随时注意保持安静，如果接听电话应该尽量把声音控制到自己听见可以达到正常交流的音量就可以了。千万不要以"高分贝"讲私人电话，没有特殊情况，也不要随意大声在工作场合讲话。特别不能肆无忌惮高谈阔论，严重影响同事工作。

一般在开会时，大家都需要将手机放置在静音状态，或者转为震动，这是基本的职场礼仪。如果大家都随意让手机响，会议中有人做简报或布达事情，底下手机铃声响起，会议必定会受到干扰，不但对会议发言的人，对其他参与会议的人也不尊重，从而影响开会效果。

一般在北美大家都珍惜时间，合理在上班时完成工作任务。不能总是守在电话机旁接听电话。如果有留言，注意及时回复，如果有特殊原因，也需要尽量在 24 小时内回复对方。

18.撒谎

在北美，信用和诚实是最让人看重的素质。在工作场合，需要本着诚实的原则，不管自己遇到大事小事，千万别撒谎！

尤其是在那些完全没有必要的小事上。如果你的谎言被拆穿，那么就算从此以后的好几年内你都非常诚实，人们也会记挂着你的前科，认为你不是一个值得信任的人。

在工作中积极主动是好事，但是一定要注意不要大包大揽不兑现而造成工作上的问题。不管怎样求表现，也要量力而行；牛皮吹破了，不仅不能达到效果而且得不偿失。一定要正确评估自己的能力，说到做到，脚踏实地地完成自己的工作任务，不要在行动之前就夸下海口。

如果你一下子就被指派了很多任务，记得问问主管这些任务的优先级，集中力量完成主要任务。不要为了赶 deadline 就草草地完成工作，应该学会评估自己的工作能力，如果发现不能在截止时间之前很好地完成工作，就跟自己的主管商量商量，在可能的情况下，调整自己的项目日程，争取更多足够的时间顺利地完成任务。

19.请病假

一般大家都以为带病坚持上班是非常好的事情，但是在北美，是大家一般不认可的行为。尤其如果是流感，或者其他传染性质的病，就更需要请病假，而不要带病上班，影响其他人的身体健康。

如果是办公室的传染源有问题，应该注意和公司配合积极治疗，在家好好休养。如果有紧急的事情，很多公司也可以申请 work from home，把病假的影响降到最低。

第三章 北美职场必需的素质涵养

在本章，我们主要介绍进入北美职场必需具备的素质和涵养。在介绍之前，先让大家做个自我认知的练习。这个主题就是 YOU 你自己。在这里，我们不需要掩饰，不需要隐藏，我们需要了解真实的我和这个真实的我是处于什么状态，有着什么梦想和自己到底有什么样的技能和知识。 这样才能针对自己的优势和劣势，正确分析自己的条件和理想，以及做出相应的适合个人发展的计划，从而达到自己的理想。

现在请大家准备好，一张纸和一支笔，开始写下自己对这里的问题的真实答案，请注意不是正确答案，而是你自己的答案。因为每个人都是不同的个体，所以回答问题的结果是不同的。没有正确或不正确的答案，只有是否可以真实地对待自己的人生和事业的答案。因为我们就像医生一样，现在是给自己看病，如果可以如实地对待自己的各种状况，才能达到药到病除的效果。否则如果我们自欺欺人，那后果也是可想而知。在这里，你有完全的隐私，没有其他人知道你的答案，除了你自己，所以请大家认真做好自己的评估。这是我们要让自己发展成长的第一步。

下面我们需要思考的问题是以下几个：

我是谁？我希望做什么？什么时候为可以开始自己的这个理想，或者开始为自己的理想奋斗？我怎样评估自己的发展？我自己在这条为了实现理想而奋斗的道路上遭遇到怎样的挫折和困难？我怎样才能克服这些困难？

下面是一张表格，供大家做这个自己评估的练习使用。我们通过这个思考过程和回顾，可以很好地了解自我，懂得自己真实的希望和理想和实现理想所需要付出的努力。

我们应该理解的是对于一个人来说，自己事业的发展方向是最为重要的，而不是短期结果。如果你希望的是去南极考察，结果却不断地往北极的方向发展，那么你希望的理想是永远无法实现的。这就是说，事业发展的方向最重要，自己一定要根据个人实际情况，制定合理的理想计划，一步一个脚印地努力前进，朝着自己规划的方向发展。

俗话说计划不如变化快，我们生活在一个非常动态的环境中，不时都有很多变化发生。有的事情我们自己可以改变，但很多的因素我们都无法控制的。这就意味着，一个成功者最需要的是随机应变，经常查看自己的进步，看看是否达到自己预计的目标以及是否需要调整自己的计划安排。

主题	我的挑战	我的解决方案
我是谁？	1. 2. 3. 等等…	1. 2. 3. 等等…
我希望做什么？	1. 2. 3. 等等…	1. 2. 3. 等等…
我什么时候可以开始进行努力？	马上立刻	马上立刻
我可以从哪些方面查看自己的进步？	1. 2. 3. 等等…	1. 2. 3. 等等…
我遇到的困难和问题有哪些？	1. 2. 3. 等等…	1. 2. 3. 等等…
我怎样克服这些障碍和困难？		
我的解决方案是哪些？		

图表 1. 我的事业地图

根据这个我的事业地图，我们可以很清楚地认识自我，自己的理想目标，和可能遇到的问题和困难，以及怎样克服和解决遇到的难关。

带着我们自己做好的事业发展的计划，让我们来看看是否我们可以从这些问答中得到自己的灵感和解决问题的帮助。

下面我们根据多年的经验和通过实践而得到的真知，可以有效地帮助和启发很多职业工作者在事业发展日常工作中遇到的问题。

Q1. 我是谁？

也许你会觉得这个问题很奇怪。如果你仔细想这个问题，理解我们要搞清楚的不是你姓氏名谁，而是明白你有什么特点，有哪些技能，哪些长处，哪些短处。不需要别人怎样看你，而是需要了解真实的自己。

因为我们需要做的就是把自己看成一个产品，然后定义这个产品的特点，性能，这样才能发现自己的不足和优点，才能真正地帮助自己定位。

就像把一间旧房子改造，一定需要如实地评估其条件状态，才能知道需要在哪里下功夫，需要做哪些工作和怎样进行工作。这样才能真正地根据自己的情况制定理想计划，并且把力量落实到实处，去改变旧的不合适的地方，而转变成新的适合自己的状态，从而真正地达到改变更新自己，为实现自己的理想前进，成为真正的成功者。

Q2. 我想做什么？

这个问题是一个事业方向的问题。要回答这个问题，我们需要做三个不同而相互联系的回答。第一个是短期计划，就是一年左右的计划；第二个是一个中长期的计划，大约是三年到五年左右的计划；第三个是长期计划，也是自己的理想。

怎样做好事业的规划？就是必须量体裁衣，根据自己的条件，市场需求和自己能够达到的短期目标位去有步骤地安排进行提升的一系列行动。

个人事业计划制定的好不好取决于对自身的认知，对自身适合的专业的认知，对自己学习进修能力的认知。这三个方面缺一不可。我们只有看清了自我，看清了自己做的好的和做的不够好的，或者很难做好的地方，才能对症下药。把自己和最适合的最可能达到的位置相匹配，从而按时完成自己制定的计划，从而达到自己事业的目标。所以，一定要认真对待认识自我和了解自我这两个非常基础有非常重要的问题。

Q3. 什么时候可以开始进行事业计划？

在我们一生中，可能会不止一次地面临事业的方向选择，这可能是因为外在环境，公司状况，个人发展的因素。因为现在社会毕竟和以前的传统的时代非常不同，裁员失业是很多人必须面对的目前的社会问题和挑战。但是我们应该理解的是如果我们自己懂得做好事业规划，我们就不会被社会抛弃。因为我们的技能总是能够找到需要的。而人的成长就是面对各种挑战，寻找适合自己的新的方向而不断前进的过程。

只要你努力，你会发现自己越学得多，眼界也越来开阔，事业不再是纸上谈兵的计划而是一个人一辈子可以不断前行的道路。

可以说，任何时候，任何地点，任何机会都可能成就我们的新的机遇和更好的发展空间。我们在北美这个动态而刺激的工作市场中，需要找到的不是每天去上班，而是每天都能发挥自己的能力，学到更多的知识，和得到更多的机会。

很多朋友移民到北美，不太理解自己原来祖国和北美的人文差异，本着老的一套认真工作，不思上进，把希望寄托在公司，结果发现完全不能融入当地社会和适应北美社会职场的需要。

我们都知道入乡随俗的道理，那么如果你想在这里发展，就要懂得一定要下功夫了解学习本地文化，调整好自己的积极心态，不怕丢人，向别人学习；不怕吃苦，向自己较劲。这样才能很有效地掌握所有应知应会的知识，使自己能够融入本土文化和工作环境，而让自己的才能能够在新的工作环境中发挥。

北美的工作环境和中国及很多亚太地区的不同的是文化背景差异和公司运作原则。可能在自己的祖国，公司不介意你上班时间开玩笑和办私事。在北美是绝对的 NO NO 就是死穴，不能做的事情。还有在北美，大家讲究效率，尊重时间，所以你工作时要注意时间管理。不迟到，不早退。

以前一些真实案例就发生在北美。一般公司在上班时间是严禁员工滥用办公设备和公司资料做自己私人的事情，或者浪费办公时间去做和工作无关的事务。如果员工上班用公司电脑上网看无聊的网站，或用公司电话打私人电话，已经属于违规。更过分的是有的人去看黄色网站，有的甚至用公用电话打色情电话，结果自然是遭到处分开除的结果。

加拿大和美国都是法制机制健全的地方，公司运作也比较规范，而公司也对员工的要求也严格。在工作场合不能有任何种族歧视，语言肢体的冒犯，所以大家一定要注意不要介入宗教，种族，性别等等与工作无关又非常敏感的话题，造成无谓的牺牲和损失。在工作中，不要用身体肢体触及他人。不论性别年龄，宗教背景，都要做到尊重任何人，严格按照公司章程行动，做好自己的工作。

Q4. 我移民后找到第一份工作，需要怎样做好上班第一天的工作？

首先祝贺你的成功。在北美，入职第一天是非常特别也是非常重要的一步。对移民朋友而言，需要注意的是自己新的工作环境和以前的工作环境将会有很多不同。在穿着上，入职第一天尽量穿的正式一点，但是不要太过头，把你的同事和上司比下去。在面试时，你应该已经对自己的任职的公司有所了解，就按照你面试时候的情况，选择自己的服装。起码要干净整洁。一定不要穿有很多褶皱的衣服。如果就是普通职员入职，不要带名牌包包，不要穿太贵的衣服，着装需要注意两点：大方得体、干净利索。

备好"职业装"在没有摸清单位的 dress code 前，business casual 是比较安全的做法。主要是指素色衬衫，长裤（不要牛仔裤）/及长及膝盖的套裙，皮鞋搭配的组合一般比较安全，上班第一天宁可 overdressed，也不要让人觉得太过马虎随意。

如果是女性就化淡妆，不要穿太高端的品牌。一个新人穿着谨慎点比较安全，但要是穿的过于高档，容易和周围同事格格不入，有显摆的嫌疑而引起不必要的负面效果。

入职第一天在与人力资源部办理入职手续事，顺便和 HR 了解下新人入职指南，一般公司都会给新来员工一些文件和网址，了解公司的情况和规章制度以及工作常用的文件模板，公司信笺等等。一般公司都会把出勤时间、加班报销规则、福利待遇，办公用品分发、以及帮助你办理入公司员工卡或通行证等基础性工作都交代清楚。

如果你入职的公司比较新，或者还没有建立起标准的 HR 的资料的话，你可以直接在上班前联系 HR 询问这些问题，避免入职第一天就因为基础性的工作环境配备问题造成手忙脚乱。

一般第一天工作安排不会很多，主要是办理入职手续，各种证卡，和了解公司的环境，大多就是熟悉工作环境和业务流程。如果没有很多任务而比较清闲的时候，不要表现出无所事事的样子。因为第一天上司和同事或多或少都会对你比较在意，而你希望给大家留下良好的第一印象。

新人入职第一天，人事部的同事首先会带着新人到公司的各个部门走一圈，并介绍各个部门大致的工作内容。主要是让新人大致熟悉公司的环境和部门职能，和让公司同事知道来了新人，让大家日常工作中多多照顾。随后人事部会把新人带到用人部门，交给部门经理，然后后续的事情就由部门经理接手安排。

部门经理一般会发给电邮或开个会，把同事召集起来，让大家相互认识。这个走过场的形式，可能每个公司每个经理都会不一样，但是你能记住多少也没有人在意，所以只要把马上一起工作的同事的姓名记住就算及格。

去公司上班头几天和同事共进午餐非常必要，便于你和大家建立良好的关系和迅速融入团队。在新去的公司遇到不认识的同事，可以微笑说你好。如果机会合适，也可以大方地主动介绍自己。简单地介绍自己，说出自己的名字，入职的部门和希望有机会和对方今后一起共事就可以了。若是对方想继续聊，你们可以交流。若无意接茬，就安静离开。

新人入职时遇到的陌生同事分为两种，一种团队内的，一种团队外的，当然也可能是本部门的或者是外部门的。刚到需要首先接触团队内的，自己一个部门的同事。但是不要急着表现自己或是急于与陌生人交流。如果大家比较忙的话，更加不适合你过多地交谈。你做好的上司安排的事情后，如果有时间，可以帮助大家做些力所能及的事情。

在头几天可以安静的观察，了解一下团队内的人都大致是什么性格特征和看到一些办公室的活动情况。观察几天后，你可以先接触比较能说的、好接触的，顺便了解一下平时大家是否一起在公司法定的休息时间去喝咖啡，及午餐时间一般是怎样安排的等等。熟悉一段时间后，等到时间合适时，再开始接触比较沉闷的、不好接触的。

然后慢慢地和大家接轨，逐步地参与日常的工作场所的其它交流活动。

对外部门的员工，一般不在一个团队，可以等时间合适再开始进行交流。从你认识的入职时的行政人员开始，如果是可以从平时天气，楼梯间的问候等信息切入。在你了解了团队内部情况时，不要向外透露团队内部的项目、人员情况等信息。因为刚来不知道。即使都是单位同事，也有内外之别。每个部门都有自己的责任和工作范围，也有很多你意想不到的利益冲突。所有在你不清楚情况的时候，一定不要乱发言，以免把不该说的信息说出去，而对本部门或你的上司同事造成麻烦。总而言之，新人到一个新的工作环境，一定要本着沉着冷静，不温不火，认真踏实地做事，不要着急于表现和出风头。

头一天不要问同事太多问题，尤其是可能让别人可能回答不上来的问题，或是关于单位福利待遇和单位领导等敏感话题。第一天工作，一般上司都会让你多熟悉环境和人员，一般不会给太多工作任务。你可以趁直属领导不忙的时候，问问是否以往的资料可供你学习以便尽快进入工作状态。很多公司都有行业标准和部门标准等等，你可以问清楚怎样获得这些资料，并按照公司的规定借阅。

初级员工头几天的工作可能会是帮助同事做些不重要的，打杂等的工作，不要有怨言，安排什么就干什么。对于高级员工入职，一般领导会给大概分配一下所做的项目，带你参加一些项目会议，为了你可以解目前工作的方式和项目状况。你只要保持职业风范，认真参加就可以了。

不要在第一天上班没有了解任何信息的情况下，轻易发言。当然，当问到你的意见时，你可以简单明了地地谈谈自己的看法。在别人发言时，多倾听，尽量不要过多的插话。

Q5. 我刚刚毕业，加入一家，成为一名初级员工。开始我的事业，　那我应该怎样开始发展自己的事业，有哪些好的策略可以增进自己的能力和事业发展呢？

因为社会的高度发展，现代的职场充满了竞争，变化和很多不确定的因素。而很多的员工就面临了沉重的工作负担，竞争压力和人际关系紧张的局面。主要是由于北美的公司工作环境的改变，从以前一个员工可以轻松地在一家公司工作几十年不变，到现在公司可能会频繁地裁员和企业重组。作为职员，不再有以前那种稳定的就业机会因而员工跳槽和不断变换跑道的现象也成为家常便饭。

因为这些现象的发生，公司也不像以前那样对员工有义务去培养，从而造成了企业和员工更加市场化的双向的选择渠道。公司有需求就雇人，没有项目就裁员。

没有以前传统北美企业老一代手把手培养新人的过程，因而一般公司提供的培训和很多以前由老员工带新员工的学习计划也会大打折扣或者干脆不复存在。

现在的初级员工需要非常努力靠自己去赶上上一代人。同时没有任何上司有义务为你的事业努力或为你的成功买单。很多时候是靠你自己去专研学习，自己去找到前进的方法和途径。虽然如此，但是很多公司还是有不少公司赞助一部分的员工学习计划，一般需要员工在公司服务了一段时间后，由上司推荐和批准的。比如专业进修，业余大学进修和学位进修等等。在年终评审时，可以在和上司沟通中了解你是否符合条件从而申请可以参加的项目。

对初入职者而言，最困难的事就是融入公司工作环境，被大家所接收和认可。要能够顺利渡过考察期，需要做的工作很多，但是最重要的应该是集中精力在建立自己良好的信誉，认真的工作态度，培养和谐的人际关系。当然最重要的是搞好和上司和周围同事的关系。主要的几个有用的策略是：

- 准时诚信

当你进入工作职场，每个人就会慢慢地了解你。这时你的一言一行就会成为别人评判你的根据。在北美，大家最关注的就是 discipline， 中文就是行为规范，就是做任何事情要靠谱有原则。

作为年轻人，你需要了解在你的位置，别人对你有怎样的期望，你的职责有哪些。你在上班的每一分钟都属于公司，而不能做私事或者参与太多的闲聊。因为你有大量的新知识需要学习，人们一般都比较看好喜欢学习，虚心请教的新人。如果你想给大家好的印象，自己做好自己该做的工作，认真努力地学习业务知识就好了。

一般在公司工作，提前 15 到 20 分钟到办公室会给自己很好的一天的开始。这样你有时间整理一下思绪，准备好一天要做的工作，看看有没有任何突发事件需要应急处理的。有了从容不迫的开始，你可以有良好的状态去面对一天的工作。

+ 虚心请教

一个新人入职，都有很多东西要学，所以你的老板和同事都知道你会问不少问题。所有你不需要担心大家对对你问问题有意见。相反，大家期待你问问题，不懂就问。还有一定要做好笔记，把问题整理好，把答案写下来。这样好记性不如烂笔头。这样如果你忘记了，可以随时翻阅查看，自己掌握起来就非常容易，效果也好。

一定要避免的是反复问一个问题，这样会让人对你的能力产生怀疑，而且严重影响自身形象。所以要虚心请教，但是要严肃对待。认真掌握每一个问题和解答，理解并可以举一反三。

一般公司新人入职，都会在资历深的职员手下先实习锻炼，有时可能是几个导师的手下工作，那你需要协调好和他们之间的工作时间和任务完成情况，处理好和他们的关系。在接受工作任务时，一定要问清楚什么时间你需要完成你的工作部分，不要含糊不清，这样你才可以把你分配到的项目工作任务按时间顺利排列起来，看看你完成它们之间有没有需要时间冲突的问题。一般不同任务时间可能相互交错，这样你需要和你的上司交流，把自己的任务清单和情况介绍一下，征询意见，看看需要怎样协调项目之间时间的 Deadline　就是完成期的问题。

一般的项目问题问你的项目团队领导，就是你的资深的指导你的同事就可以了，如果牵涉到和其他项目的协调，最好和你的上司有良好的沟通，让上司知道你目前的工作情况和对项目有调整的部分。一般可以通过口头汇报或者电子邮件的工作总结来执行。总之，要和同事和上司保持良好的通信联系，让他们了解你的情况，也要及时汇报任何问题。这样让他们有时间关注和处理。

因为在初级员工的水平，一般你还不具备单独处理事情的能力。比如，实习工程师是不可以自己做任何决定的，所以你做好自己的工作，完成好交给的任务后，一定要请团队领导或上司过目，等他们认可后，再执行。

在新人进公司的初期，一定要注意不要担心面子。大家都知道新来的人不懂公司情况也需要学习很多。其实，一般公司对新人都有一定的磨合期，叫"learning curve"。在这个时期，一定要注意多问多学，这样尽快地学会应知应会的知识，把工作拿起来，顺利地进入自己事业的轨道。

最忌讳的只有一条，那就是在学习期不学不问，然后过了这个学习期，才问同事。这样会耽误工作，而且给人印象不好。所以一定要注意在学习考察期，以勤奋努力，多问多学的态度对待自己初期的职场工作，为今后的事业发展打下良好的基础。

在工作场所，一定要保持积极乐观的工作气氛，在工作中，礼貌待人。不用刻意奉迎。入职之后保持低调，不要让别人觉得你爱出风头或者华而不实，"不犯错"是你入职前几个月最紧要做的事情。如果不小心自己犯了错误，就诚实认真地改正，尽快地把自己的工作做好不要失误。

✦ 参加社交

在新人来公司初期，新人要主动地了解同事们的工作习惯。当上司把你介绍给一起工作的同事，你就可以顺便询问一下公司一般都有的习惯和社交活动。最通常的就是和同事一起喝咖啡。就是常说的 coffee break， 和大家在公司法定的休息时间里一起喝喝咖啡，聊聊天，可以了解很多的对工作有帮助的信息，增加人际关系的和谐相处。所以年轻人应该主动参与和公司同事一起的社交活动。这是拉近同事关系最快的一种方式。

入职后公司一般会安排一个人带你，有的公司有专门的 mentor program 就是指定一个导师在你刚入职时在工作上对你指导的意思。你需要经常请教这个人，通过他认识公司更多的人，认识的人多了，新人业务上就可以更好地开展工作，了解在什么时候联系什么部门和有更多的人来请教。学会倾听同事的话，了解他们的性格特征，对以后和他们相处，协调工作是非常有帮助的。

最需要注意的就是尽快融入团队。当然也要注意的是不要很早地介入办公室政治，切忌和办公室的杂言长嘴妇为伍。但是应该多听多看别人怎样工作，了解公司里哪些人是主要工作干将，都有哪些工作规则和一些没有在公司里规程里写的但是非常重要的不成文的规定。

做好自己的实习笔记，主要记录下自己工作的经验收获。在每次完成工作任务后，及时了解同事对自己工作的看法，什么方面自己做得好，什么地方做得不好，需要改善的地方就努力。了解如果工作中出了纰漏，及时补救，同时注意不会再犯同样的错误。这样自己对自己的发展做到心里有数，才会更好地提升自己的工作能力。

在通过和同事的交流中，观察那些人值得信任，那些人比较轻率，与他们工作时，才能做到扬长避短，合理顺利地完成任务。

在工作中通过和人交谈，才能有效地及时理解目前的行业动向，了解自己行业发展趋势，懂得自己职业的前景和需求。比如在前一段时间，美国对有些行业加增关税，引起太阳能行业遇到很大的财务亏损，而导致很多企业的下滑，从而影响到很多项目工程的进行。

🌿 注意自己自控能力和管理能力

我们是无法控制别人的行为和看法，但是我们可以控制我们自己。在工作场合，遇到别人冷言碎语，一定不要意气用事，学会控制自己的情绪，不要和他人计较。客观分析问题起因，尽量把事情处理好，不要造成很大的影响。

🌿 学习矛盾管理和解决的方法

人际冲突管理（Interpersonal Conflict Management）是指角色期望对象和角色期望的发出者之间的沟通等行为问题。人际关系中最重要的就是 Interpersonal skills 就是我们所谈的这种对人际矛盾冲突的管理和协调的能力。

首先我们应该理解在工作场合一般有两种冲突：一种是在某些实质性问题上的不相容的利益；另一种就是由于负面的情绪，如不信任、恐惧、拒绝和愤怒等不相容的严重影响工作的行为。

由于这两种负面地杀伤力极大的冲突经常会互相作用，混调一起，而造成局面复杂的情况。但是，处理两类冲突的方法却有很大的区别。处理前者必须着重问题的解决，如采取合作与谈判及协调的方式，有利于增进冲突双方的利益；而对待后者则强调修正冲突双方的观点和正面关系的培养。而最好的解决冲突有各种方法，包括回避、平滑、强迫、妥协与合作。

在对待矛盾冲突的解决问题过程中，讨论各种可能达成协议方案的过程。谈判已成为自由社会中不可缺少的必要程序。它使我们在妥协彼此的利益冲突时，了解到彼此的共同利益，而这种方法几乎比人们截至目前为止所采取的其他方法更为有效。这种解决方式适合于对双方而言，协议的达成要比没有达成协议更好的情况。

回避是指在冲突的情况下采取退缩或中立的倾向，有回避倾向的管理者不仅回避冲突，而且通常担当冲突双方的沟通角色。当其被要求对某一争论表示态度时，他往往推托说："我还没有对这一问题作深入的了解"，或"我必须收集到更多的资料"等等。管理者采取这一态度并不能解决问题，甚至可能给组织带来不利的影响，但在以下情况下采取回避的管理方式可能是有效的。突的内容或争论的问题微不足道，或只能暂时性的，不值得耗费时间和精力来面对这些冲突。

平滑是指在冲突的情况下尽量弱化冲突双方的差异，更强调双方的共同利益。采取这一方式的主要目的是降低冲突的紧张程度，因而是着眼于冲突的感情面，而不是解决冲突的实际面，所以这种方式自然成效有限。当冲突双方处于一触即发的紧张局面和在短期内为避免分裂而必须维护调和的局面。

强迫是指利用奖惩的权力来支配他人，迫使他人屈服的行为。这种方式一般只能使冲突的一方满意。主要应用于一方占用绝对优势，而对方没有条件谈判的情况下。当处理下级的冲突时，经常使用诸如降级、解雇、扣发奖金等威胁手段；当面临和同级人员之间的冲突时，则设法取悦上级以获得上级的支持来压迫冲突对方，因此经常采用这种解决冲突的管理方式往往会导致负面的效果。但是在紧急的情况下，或者为了维护重要的利益，必须采取的手段。

合作是在冲突双方愿意共同了解冲突的内在原因，有意愿和条件分享双方的信息，共同寻求对双方都有利的方案。受到组织文化和领导形态的影响，一般来讲，实施参与管理的组织中的管理者比采用集权式的管理者易于采用合作的方式。而且及时在世和合作的组织文化中，合作的方式也只是在计划，政策制定等方面最为有效，当冲突内的情绪化因素过多时，采用合作的管理方式反而会导致更大的冲突。

对于由于个人情绪造成的冲突，就是第二种矛盾冲突的问题一般是由于心理冲突增多造成的。一方面，外部环境的转变，人与人之间的交往不再单纯以性格相符与否为标准，而更多的牵涉到彼此利益。工作带来了很大的压力，在现实与期望之间、物质追求与精神需求之间很难找到内心的平衡，于是出现不同程度对人、对己的不满情绪。这种不满情绪会随社会的快速变迁而加剧。由于现在职场由于升职、处分、加薪、降级等等各种变化，会对整个工作环境和员工心理产生极大的障碍和矛盾，这也是造成问题的原因。

造成的原因主要是因为价值观差异、文化差异、个体间差异、与角色有关的差异、目标差异、人格差异、任务或角色差异、资源稀缺、需求差异、人格差异、资源稀缺、权力不平衡以及对价值观、目标和需求的知觉差异等等而造成的关于角色、资源、任务的含糊不清。其中个体之间的人格差异与资源稀缺是双方发生矛盾冲突的两个重要因素。

托马斯(Thomas．K．W．1976)提出了关于冲突过程的模型。，认为冲突的历程可分为挫折期(frustration)，认知期(conceptualization)，行为期(behavior)和结果期(outcome)。结果可以导致新的挫折和冲突的循环。 拉美尔(1976)把冲突过程看成一种追求平衡的行为过程，即均衡与非均衡相互转化的过程。而首次从冲突的发展阶段来分析冲突形成过程的是庞地(Louis R. Pond)')。他提出了冲突过程的五阶段模式，即潜在的冲突(冲突产生前提)、知觉的冲突(对冲突的认识)、感觉的冲突

(冲突的影响)、显现的冲突(冲突的行为)和冲突的结果
(产生冲突的新条件)。

通过对矛盾冲突形成理论进行多角度的分析，冲突的主题是什么以及二者的利害关系等等。尽管冲突双方在不断地分析冲突，找到有利于自己的处理冲突的方法。

随着社会分工越细、专业化程度越高，使得个体不可能独立完成组织赋予的目标任务，而只能在某一领域、某一部门充当某一具体角色，这必然加深个体与个体之间的依赖性程度。个体之间的依赖性程度越高，彼此之间的协作与交流的机会就越多，而这些又会导致诸多不确定性因素，但为了实现自己的目标，彼此之间又不得不相互依赖。许多研究表明，人际冲突与焦虑、压力、自尊等心理健康因素密切相关，适当的冲突而解决好冲突可以缓减各方面的压力。

⚜ 注册培训课程

新员工进入公司后一般都有入职培训，主要是分为两大类：公司规章制度和办公设备使用培训。公司规章制度一般包含职业操守的培训和基本规定。这个是由行政部负责。然后是办公设施的培训，一般由 IT 部门的人负责，都是流程性的内容，主要了解有哪些软件你需要安装和使用，一般上司和同事会帮忙协助完成。有重点的地方他们都会提示。

接下来就是自我的学习过程。一般新人都会在公司分配的工作任务中，跟着老同事进行工作。这种一般称为

On the job training. 也就是干中学，学中干的意思。你需要按照老同事师范去工作。在参加培训的过程中，多学习，多看书，制定出合理的成长计划，分阶段去检查就会达到良好的效果。

不管你从哪里毕业，学校学习的内容和工作中实际相差很远。所以在一个人事业的起步阶段，一定要花很多力气去掌握实际工作中所用的知识技能，理解自己的不足，努力把自己的业务水平提高，尽快地胜任自己的本职工作。

很多时候，公司会给员工提供一些赞助的培训项目，比如专业技术的专项培训课程，公司内部的在线培训课程，公司外的可以注册的培训课程，和公司赞助的深造的业余时间 Part Time 的学位课程。一般公司赞助的学位课程只对在公司工作了一段时间的员工开放。这些你需要慢慢了解，根据自己的实际情况去申请。

Q6. 如果在工作中遇到不喜欢我的同事应该怎样对待？

首先，不管我们怎样，我们需要理解不是每个人都会喜欢我们也不是他们的义务或责任喜欢我们。喜欢和不喜欢都是个人行为。不管再好，也没有一个人能够使所有的人都喜欢他/她。

想清楚这个问题，那么接下来的事情就迎刃而解了。我们需要理智和职业化地对待一起工作的同事。当然在工作中，我们希望自己能遇到友善合作的同事，但是大千世界，由于各种原因，个人的或者公司的，性格的，或是工作中利益冲突造成的，都可能会使你遇到不好对付的同事，经常在言语上和行动上对你不利或是不合作。

对于这种状态，不要去争锋相对。因为两虎相争，必有一伤。何况争吵和挤兑从来不能有效解决问题，消除矛盾对立。

在遇到不顺利的工作情况，首先分析的是自己，看看是否自己有什么行为直接或间接地冒犯对方。如果是自己造成的问题，那么自己应该找机会改正问题，如果严重冒犯别人，给他人造成不便，那么你应该找机会私下和对方交流请求原谅而且把不好的事情化解掉，也不要再犯类似问题。

比如说，有的人带着以前的习惯，说话非常大声，在公司大家一般都是在自己办公台里工作，很受影响。一定注意自己的工作习惯，保持安静。

所以，遇到问题和不友好的同事，都要以积极的态度去处理。在本书中我们有谈到工作中处理矛盾冲突的方法和原则，可以查阅作为参考。

不管怎样，我们总要试图在问题形成的最初，常识解决任何凝滞，这样减少自己在工作中的阻力。平时尽量不要太张扬或者当众给人难堪。在北美，在工作中大家相互的支持和体谅是非常重要的，因为这里几乎没有可能独自把一个项目包揽下来。每个项目都涉及到多部门多团队的合作。所以，需要适应这种工作方式的变化。在自己工作范围内的，自己解决，在和别人工作交叉的部分，积极和对方探讨，看看怎样做会让彼此工作得更方便，更有效率。这样建立好的团队意识和合作精神，扫除人际关系的障碍，这样就会对自己的工作非常给力。

大千世界，什么人都有的。如果在工作中遇到个别人，非常难于工作，不是你的个人问题，而是这个人的行为特点，和每个人都搞不拢。这样的话，你需要理智职业化地对待对方。如果没有必要合作，就避开此人。如果非要共同完成一部分工作，就先把自己的工作做到位，然后快速无误地把对方需要你提供的部分交代给对方。避免过多的事情和反复讨论。因为越多的交涉，可能带来更多的问题。这种情况适合使用"短，平，快"的技巧，低调轻快地完成需要做的工作。

在现实工作中，我们也要不断提升自己的阅历和情商。理解每个人都不是生活在真空，很多时候我们自己会被自己的情绪左右，而说不该说的话，和做不该做的事。也就是北美这边常说的 Bad Hair Day 。做什么事情都不顺。如果你遇到的是偶尔的个人的情绪影响造成的问题。你也不要太在意。这时候，你不妨体谅对方，可能因为家庭问题，经济危机或者很多你不知道的苦衷，对方无意识地爆发在工作中。这种情况，你只要保持冷静，不需要做任何特殊的事情。等对方情绪过去了，就好了。你也不要再提及双方不愉快的经历。

在工作中，有很多事情我们是无法了解和预知的。很多的情况都不是我们能够去掌控的。但是我们可以始终保持积极乐观的工作态度，尽快尽量地把人际关系的问题降到最低。因为你把这门功课做好了，可以达到事半功倍的效果。

举个例子说，珍妮被一家非常不错的公司聘用了。在她之前离职的那个人，是因为和公司一名高管有不正当的关系而被公司处罚而走人的。而这个部门由于工作量大，每个员工都是超负荷工作。由于这个事件，很多人怨声载道，因为这个人的离职，很多工作都压到了部门每个人身上。珍妮到了岗位后，表现还好，但是不少人还是冷言冷语地，不太合作。当时没有任何人对她一个新员工说实话，她也无从知道这其中的缘由。因为她还没有建立起自己的人缘。也没有人支持她。

她没有泄气，而是精益求精地做好自己的工作，不和同事计较得失。自己可以多做些，也帮助大家分担工作负荷。日子久了，大家见她做事踏实可靠，也就渐渐地缩短了和她的距离。她才慢慢地了解到原来大家都看她人漂亮，担心她会步他人后尘，去用不正当的手段，在工作中都奸耍滑，压制同僚。后来了解到她为人正直，大家也都以诚相待了。

还有个例子，就是玛丽是一名女工程师，她是经过反复挑选后，被一家世界五百强的公司录取。在任职后不久，她工作表现好，也不和同事计较，还常常帮助和她搭档的那名男工程师，但是那名男工程师对她很不友好。她很莫名其妙，但是保持冷静，还是依旧平和地对待对方。

后来随着时间的推移，他们公司服务的主要客户方是一家当地主流企业，由于工程的需要，他们团队就入驻到该企业办公楼里。为了赶进度完成当年的工作计划。在她在这家企业办公楼工作了几个月后，和客户们建立了非常好的工作关系和私人关系。这时她从旁人嘴里知道，原来这名男工程师是被该企业解聘的员工，因为此人在同事中信誉不好，工作能力虽然不差，但是比较急功近利，好出风头而得罪了不少同僚。在企业决定裁员时，就被他们部门裁了，那是还不到 50 岁，所以心里很不平衡。在他离职后，他马上快速地和这家世界五百强企业联络，因为这家企业把很多工程转包给了这家世界五百强公司。经过找各种关系，他成功地应聘到这推荐家世界五百强企业，于是重新回到自己以前工作的公司，虽然不再是以前的身份，但是还是想重新找到自己的位置。

本来这也是无可厚非的事情，但是这个男工程师品德恶劣，他不断制造问题，就是想通过自己接手的工程工作在工程进度和具体操作上，为难以前的同事，希望把自己的地位抬高，让他原来的同事工作上为他所胁迫，让他说了算。为了达到目的，他把精力都花在和高层领导的交际应酬上，工作上很多任务都做不完，而玛丽还忍辱负重地帮他，为了团队完成他因为交际而完不成的工作任务。

后来这名男工程师达到了自己的目的，篡夺了管理岗位，逼走了玛丽。玛丽也跳槽到了另一家知名企业。而这家世界五百强企业由于上层决策失误，任用偷奸耍滑之人，非但没有获得成功而且最后失去了所有的承包工程。工作中有的情况不是可以挽回的。所以我们应该知道在工作中，职位不是固定的，不管怎样，我们都需要根据实际情况，随时关注周围动态，注意保护自己。

Q7. 我刚刚进入一家自己很满意的公司，我想好好发挥自己的才华，请问我需要怎样表现，在工作中需要做怎样的建议？

通常你应该在初进一家新公司的时候，保持平稳沉，认真踏实的工作态度。先不要急于发言，因为你对很多公司内的和公司外部的情况完全不了解，贸然发言会引起很多问题。一般在头三个月，需要尽心尽力地学习公司运作规章，了解同事的工作习惯，性格特点，找到和他们一起有效工作的方法。当你还在考察期时，应该注意的第一件事就是不要出错和引起不必要的纠纷。

每个公司都有自己的工作流程和内部的办公室政治。在初进一个新公司，要避免自己卷入政治斗争中，尤其是要注意上司的意向和安排。和上司保持一致，不懂就问，不要装懂。做任何决定前，先和上司通气交流，确保你做的工作是上司认可和同意的。不要擅自主张，更不要越过工作的界限，不商量就做事。一言一行都按照公司的制度，团队的工作安排来进行。

所以你的前三个月应该把精力放在学习公司规章制度和了解公司日常运作上。了解对工作中公司内部和外部各种关系的应对，通常项目工作安排的流程和大家工作的习惯特点。对自己分配到的工作任务，一定要清楚了解各项要求和完成日期，以便自己计划安排顺利完成。最好尽快和同事建立良好的工作关系，懂得他们工作中遇到的问题，他们的关注的事情，以及原因。从而在自己面对类似问题时，可以应对自如。至少不会仓皇失措。

比如你新入职到一家大公司做项目管理，上司给你分配了一些项目进行工作。你听到你的一位资历老的同事说他们有发现人在施工现场偷盗公司财务，而对公司造成很大的经济损失。而作为项目经理，你的职责就是管理安排好项目有关的一切财务计划和人员调配。那么你应该立即注意的是你的接手的项目有没有这种可能性，如果有，你是否应该立刻赶往现场去考察一下，如何防止该类事情发生？　那么这些工作才是做到点子上。你应该和上司要求去现场勘查所有你接手的项目，把该保护的设备，做详细妥善的安排。

其实前面三个月真正可以让你上司和同事满意的是你的工作而不是你的言语。当然，你也随时注意言谈举止，保持职业化就可以了。多听多问，虚心请教，这种方式比较容易让周围同事接受和认可。

总之，你需要根据自己的情况，计划安排好自己的头三个月的预备期的工作，保质保量地完成好自己的分内工作，适当时候合适，一般简单伸手即可的事情，需要你搭把手，也可以帮助其他同事，建立好的人缘关系。但是不要过多介入其他同事的工作，对于各种工作和责任要分清，保持应有的职业界限。

还有一个原因不要贸然发言，就是在你还没有搞清楚公司内外关系，和上级领导意图和安排，很可能适得其反。

目前很好的策略就是 "Work Smarter, not only harder." 就是说聪明地工作，做好该做的事情，而不是一味辛苦工作。需要理解的是做好一件事胜过忙忙碌碌没有搞重要的事情。

其次，是要建立培养团队意识。凡是考虑自己的行为和方式对其他人的影响，对公司和项目的影响，对上司的工作是否支持，对同事是否做好合作的计划。不要单打独斗，认为自己工作能力了得，不需要别人帮助。这种意识会严重影响你的行为举止，而造成自己工作上的问题。人都不是傻子，都会从一个人的做事做人了解彼此。如果你想成功，那么在北美就需要放下原来由于旧的工作环境造成的思路，而改变自己，让自己适应新的工作环境，和大家协调一致，共同完成工作任务。

需要明确的一点是，在这里，你是被你老板你公司雇佣的，你的收入来源于你的服务。你不是在以前的工作环境中随意发挥，没有雇佣意识。你的一举一动直接影响你上司的工作业绩，你上司的工作效果和你同事团队的工作质量。你来这里是工作，是来支持大家的工作，不是来表现自己。　这个思维必须树立起来而且牢记在心里。不管你以前的工作如何风光，千万不要把旧的习惯带到完全不同的工作环境中来。那样的结果，就是失败。

第四章 申请专业技术协会

作为一名职业人士，参加自己行业的职业协会是一种非常好的渠道去了解行业动向，增加人脉和提升自己在行业的事业发展机会。

大家也许知道很多公司都喜欢在内部招人，而如果你认识很多同行，也很容易了解各公司内部招人的信息。这样对自己心仪的公司就可以关注其招聘人才的信息。同时，如果你和这些公司的人谈得来，不妨在申请工作前更好地了解该职位的要求和为什么会有位置空出来。这对你如果真地申请了该公司职位和面试都是非常有好处的。

对于非常专业的行业，象工程师们可以参加当地的工程师协会，国际的工程师组织如 IEEE。其总部在美国纽约，是目前影响力最全而且最具实力的工程界的指导行业规范的机构。在全世界都有它的分部。

对工程师们来说，你可以发现 IEEE 每年大约会承办 1800 个左右的专业会议和在全世界范围内的各种活动。如果你参加 IEEE， 那自己便很容易和自己的同行在学术上，技术上和社交上有机会互动，而参加这些活动也会对自己提升业务水平，增加人脉和提升事业有很好的作用。 这意味着你可以参与超过 160 多个国家，超过 423,000 个会员的这个庞大的协会的各种活动。

当然你实际上因为工作离不开或者地理环境的限制，可能没有可能也不必要参加所有的会议，但是一般公司都会给相关人员参加行业会议的计划。你可以向上级询问，自己可以在他们的网站上查找需要的会议信息，价格和详细的相应的住宿会议日程安排等等。

Q8. 我怎样参加 IEEE 和取得其会员资格如果我没有在美国的话？

申请 IEEE 是非常容易的事情，你只要登录其网站 www.ieee.org 寻找到成为会员的内容部分，按照提示完成参加申请，付会员费就可以了。不论你在哪个国家，只要是 160 国家覆盖的地区，都有 IEEE 的分支机构。而你的会员证会在你在网上申请成功后，给你寄到你提供的邮件地址。所以完全没有必要担心。

对于职业工程师们和各种学术机构的专家学者，IEEE 也是大家相互切磋技艺，讨论技术的高端峰会。成为

IEEE 会员后，你可以进入 IEEE 历年的会议资料库，查阅各种标准和免费收到 IEEE Spectrum magazine 的杂志。以及及时了解各种活动和会议。对于有兴趣接触工程界的人士，加入 IEEE 应该说的一个非常不错的选择。
.

一般的新会员，如果你参加的时间已经在后半年，那你可能收到 IEEE 的折扣价$84USD 参加成为新会员。如果是学生，只要付$16USD 就可以取得 IEEE 的学生会议资格。

Q9. 我是一名工程师，但希望自己转向项目管理的领域，这个理想可能实现吗？如果跨越这个在行业的跳跃？

每个人都有自己的理想，也可能会在原来的工作行业进行转换跑道或者不同性质工作的可能性。

作为一名工程师，如果希望把自己的事业方向转到项目管理的领域，这是可能的。我自己和我的同行中有很多人做了这种转变。但这种转变需要自己的努力，也需要机会。

一般来说，从工程师转到项目管理一般需要增加自己在项目管理的知识，通过正规学习，比如攻读工程管理或MBA， 进行上档次的知识升级。也可以通过学习项目管理和考 PMP 就是 PMI （Project Management Institute 是和 IEEE 相似的专门管理和认证项目管理领域职业证书的机构。其总部在美国，分部遍及全世界很多国家。

一般公司招聘项目管理人才都会看是否持有 PMP 就是项目管理专业的职业证书或类似的证书。还需要考察你是否在工作中有类似的工作经验。

申请 PMI 会员一般是适用于从事项目 管理工作的职业人士。比如项目经理，项目工程师，项目协调人或者和项目管理相关的职业。一般 PMI (Project Management Institute) 对各类别的项目管理职业证书都有详细的分类，你可以登录其网站了解和你工作职业相关的职业证书，然后根据个人情况申请及参加考核。

PMI 是目前全球最大最全面的项目管理的专业机构，在全世界有超过 500,000 名的会员和超过 300 遍布全球的分支机构。PMI 会员资格对希望进入或者已经从事项目管理的人士非常适合，也同时提供了非常多的社会活动和专业内相互切磋的学习机会。在这里，你可以认识从事项目管理的同行，了解该行业的发展趋势，就业需求和对你自身事业发展需要的技能和知识。

如果你能考取 PMI 的项目管理的职业证书，也表明了你对该行业工作的经验得到认可，你的公司也会对此认可你在项目管理方面的才华，从而有很大机会在项目管理的领域里发展。 很多公司在招聘项目管理的职位广告中都提到持有 PMI 的项目管理职业证书 PMP 或者相关的职业证书以符合职位要求。

从工程师转向项目管理有很多优势，这也是为什么这种转变容易成功的原因。因为工程师本身对工程技术要求比较了解，懂得项目中关键的技术问题和事项，这大大提高了成为项目经理的业务技术水平。俗话说，懂行的领导同行的是最好的选择。

在以前传统的企业里，对技术和管理分工非常明确，很多技术类别象工程师的工作都是一辈子做到老，只管技术，而管理类比如项目管理一般由部门经理或者部门领导监管，没有单独的项目管理行业。

随着技术的发展，行业的不断进步，项目的内容和要求也日新月异，原来依靠单位领导兼职的项目管理功能已经远远在人力上，时间上和作用上达不到效果。现在工程量的巨大，一般需要好几个大型公司一起合作，共同发挥自己的专长，和客户方合作一起协调工作，才能达到满意的工程质量和进度。而项目管理就需要懂得每部分技术方面的需要，这就是为什么项目管理成为一个新的职业，在工程领域里发展壮大。

一个好的项目经理不但需要懂技术，还要有丰富的项目管理知识。作为工程师，在技术方面有很好的条件，那么所需要提升的就是项目管理的知识和能力，技巧。这个是可以通过系统学习项目管理的专业知识来达到的。

如果经过认真的考虑，你认为项目管理是自己正确的事业发展方向，你可以不妨参加 PMI 这个项目管理专业的"俱乐部"。作为一名 PMI 的成员，你会有很多机会参加各种项目管理职业工作者的聚会，活动，可以订阅 PMI 的杂志，了解该行业的动态和发展。同时你也可以获得成千上万的各种学习工具，工作模板，文章，指导和其它很多的资源，来帮助你跟进这个行业的工作。

通过参加这些活动，你还能认识很多同样从事项目管理工作的人，帮助你重新建立新的人脉和扩大自己事业的范围。

在你参加 PMI 后，可以获得最新的项目管理理论书籍，比如你可以免费下载电子版的 PMBOK 指南，这本书就是目前全世界项目管理专业用于指导该领域专业工作的最高标准的参考资料。这样通过学习最新和项目管理知识，参与考取项目管理职业证书，都会给你的事业发展带来很大的收益。

同时，在这里，你还可以通过网络讲座和各种形式的 PMI 的培训课程，尽快地掌握项目管理行业的知识技能，确保你可以拥有上千个免费的行业工具，工作模板和检查文档都能在你日常项目管理工作中发挥积极的作用。

谈到 PMI 目前颁发的项目管理的职业证书，主要有以下几类：

- The Project Management Professional (PMP)® Certification

The Project Management Professional (PMP)® 这是最常见的项目管理专业证书，是一般适用于项目管理经理人的一个专业资历。 一般从事项目管理经理，项目工程师等等都希望具备的专业证书。在很多公司，对这个职业证书是非常认可的。

在具有这个专业证书的好处是，很多公司还会根据你的这个项目管理资历，在薪资和未来的升职加薪上有很积极的影响。一般具有 PMP 专业证书的员工可能得到比没有 PMP 专业证书的职员高于 20%的薪资水平和福利。

当一个公司拥有具有 PMP 专业证书认可的职业项目管理经理，为企业带来的好处是很多的。比如他们的专业管理水平和对专业知识的应用，可以给企业创造非常大的价值，比如按时，不超预算地顺利完成项目，和帮助企业更快更好地以科学的方法按期完成预定的目标和计划。

这个 PMP 标志着你懂得和理解项目管理行业的最高行业标准，你保持着这个行业最优秀和精华的水平和技能。

- Program Management Professional (PgMP) Certification

这个是针对于有着非常深厚的项目管理经验的项目经理，在自己管理各种企业的高级的项目管理去引导企业有目标地去发展公司计划和策略。这些管理多个项目，在工作中发挥领导作用的高层项目管理人才。

这种领导素质会对一个公司的内部管理起到非常重要的作用和支持。经过 PMI 2015 的调查报告显示，公司使用了达到这个级别的项目程序管理者，会在项目管理工作方面的达到大约 76%的最好成功率。具有 The Program Management Professional (PgMP)®这个级别的项目管理专业证书的员工是一种对你在项目管理领域的高级水平和经验的认可。也会给具有这个职业证书的从业者很好的薪资福利待遇的提升和事业发展的动力。

🔹 Portfolio Management Professional (PfMP)®

标准资产管理是一种非常有效的实现其企业的策略和丰满策略和执行两个层面的有力工具。一个企业有着非常优秀高效的资产管理然企业有着比一般企业高 62% 的 ROI 投资回报率的实现。

因此具有 The Portfolio Management Professional (PfMP)® 专业证书的人才对企业来说是非常有吸引力的。其实一个企业成败的关键就是是否盈利和创收。所以这就是有效资产管理的魅力。

如果你是一个高层管理者或者高管管理者项目和一系列的企业项目程序和计划，那这个专业证书是非常实用的专业认可。

当然，在这里因为篇幅有限，我们只能介绍一下很常见的项目管理专业的职业证书，如果你有兴趣更多地了解其它 PMI 的专业证书，你不妨登陆 PMI 的官网 www.pmi.org， 这样你可以了解更多和更为全面的资料和信息。

如果你有兴趣和计划在项目管理方面的去发展自己的事业，那么你可以考虑先加入 PMI 成为其会员。另外，如果你在大学深造，希望专攻项目管理，那么很多大学都有项目管理的学位的专业可以选择。MBA 也有很多有关项目管理的专业课程。

总之，如果你有意在工作之余，增长自己在这方面的知识，你也可以询问自己的公司看看是否有公司赞助的 MBA 学位课程或者项目管理的专业课程。不少公司对员工的学习还是很支持的。这些你需要和你的上级了解和沟通。看看自己的想法是否可以得到领导的支持，这样你也会省下不少自己在教育上的投资，一边工作一边充实自己。

Q10. 对于供应链管理专业，什么职业协会值得参加？

供应链管理职业协会 Supply Chain Management Professional (SCMP) 是一个不错的选择。

对于供应链管理专业，不少大学，比如 Athabasca University 商业系专门提供灵活方便的学习深造方式。为希望提升自己事业发展，希望在领导力和供应链管理方面有很大发展的人设置的。Athabasca University 有在线学习课程，帮助需要工作的职业人士在业余时间提升自己的专业知识，通过网上学习，一般可以节省25%左右的花费。该大学的在线 MBA 学位课程 Master of Business Administration (MBA) 主要针对供应链管理专业，是很多有工作经验希望在工作之余拿到 MBA 学位的很好选择。如果你希望了解更多信息，不妨参观其官网 www.business.athabasscau.ca 就可以得到很多详尽的资料。

Q11. 对于从事于交通和运输专业的人士，怎样取得物流领域的职业证书？

对于从事于交通和运输专业的人士参加这个交通运输行业的职业协会 The CCLP Canadian Institute Of Traffic

And Transportation (CCLP) 就非常有意义。这个专业组织成立于 1958 年。

在 CCLP 获得的职业证书 （a CITT-Certified Logistics Professional）会让你的工作资历在北美有很多含金量。

成为被 CITT 认证的物流专家 CITT-Certified Logistics Professionals 可以被同行认同自己的职业实力和技能。同时，还可以参加这个协会为会员举办的各种活动和提供的各种会员服务。也会收到该协会半月刊的杂志，让你及时了解行业动态，和可以注册参加免费的网络职业讲座。不论你在哪里工作，你通过这些良好的机会，可以让自己和同行们保持一致，了解最新行业发展从而对自己的事业产生积极的影响。

还有，每年 CITT 的年会和各种职业会议，作为协会成员和学生都会有超过 25% 的折扣。如果你希望获得物流专业的职业证书，可以参观其官网 http://www.citt.ca/cclp，了解更多详情。

Q12. 对于旅游行业的职业人士，有什么协会可以提升我的事业发展呢？

对于旅游行业的职业人士来说，国际商务旅游协会 the Global Business Travel Association's (GBTA) 颁发国际旅游职业证书 Global Travel Professional certification ，是非常有价值的一个行业认可的专业证书。

由于旅游行业的人士，一般出差较多，时间和地点不太容易协调，因此国际商务旅游协会提供面对面和在线两种会员活动方式。该协会提供国际性一流的教育培训和证书认证系统。参加该协会，会让你和全世界的同行们共同进步和参加各种有意义的职业活动。该组织的官网是 https://www.gbta.org/，你可以从这里得到更多的详细信息。

第五章 职业工程师执照申请

Q13. 什么是职业工程师？职业工程师有哪些优势和要求？怎样才能成为一名职业工程师？

职业工程师在北美是一个非常令人尊敬的职业。在加拿大职业工程师的名称后面会有 P.Eng. 的后缀，在美国职业工程的名称后面会有 P.E.的后缀。这个标志是对职业工程师们的知识，经验和能力的一种在社会高度的认可。同时也表示他们具备了政府法定的工程师的执照。

众所周知，每个人都有选择自己事业的自由。不少对工程领域感兴趣的人会选择工程师作为自己的理想和目标职位。在北美，成为工程师是需要经过一系列的认证和考试，只有达到了国家要求的通过职业工程师执照考试才能获得正规的职业工程师执照。这个执照标志着你达到了国家认可的职业工程师标准和成为法定的注册的职业工程师并拥有自己的具有法律效应的印章和批准审核相关工程领域工作的权利。

那么你可能会疑惑，那工程学科毕业的大学生们怎样从不是职业工程师而变成职业工程师的呢？这里我们会回答你的问题。一般大学毕业生毕业后，在找到一份工作时，会被称为实习工程师，就是我们这里所说的

Engineer in training。他们的工作是在职业工程师的指导下从事相关专业的工程领域的工作，但是他们没有资格也不可以审阅图纸，批准设计或者做任何承担正规工程师应有的责任相关的事务。所有的他们完成的工作都必须在职业工程师考察审核后在进行处理。这就是为什么在加拿大和美国，对实习工程师都有几年的本地工程工作经验的要求，而且这些工作经历和经验也会成为将来申请和考核工程师执照的一份重要资料。

因此，任何任何一名希望把自己的事业定义在工程师的人生，都需要认真对待自己在本地具有工程领域的经验而且努力在自己的前几年的事业初级阶段，争取掌握作为职业工程师具有的知识和能力，才能成功地申请职业工程师执照并参加相应的考核而获取自己的职业工程师的称谓 P.ENG.（加拿大职业工程师）或 P.E.（美国职业工程师）。

相应的，参加本地的工程师协会会对自己的事业发展会有非常大的帮助和影响。例如，加拿大的工程师协会常年都有各种活动，讲座，可以让你经常接触职业工程师们，也让你学习很多平时不太容易学到的知识和人经验。同时，可以扩大你的人际交往范围，有机会和同僚学习切磋，共同提高，对成功成为一名职业工程师是非常有效果的。

对于一名职业工程师来说，一个工程领域就是一个学术社会，在这里工程们来自不同的领域，为了一个共同的目标那就是设计制造维护和发展工程领域的科学技术，让工程学的知识为人类社会服务，而每个工程师也肩负着神圣而重大的保护公众安全的责任和义务。

在美国和加拿大，职业工程师是非常令人尊敬和羡慕的职业。在欧洲，也都有类似的工程界的行业执照审批制度和机构。 由于我们本书主要讨论北美的工程师职职业，所以在这里就介绍一下几个重要的职业工程师的机构组织。

Professional Engineers Ontario (PEO) 加拿大安大略省职业工程师协会

加拿大安大略省职业工程师协会 Professional Engineers Ontario (PEO) 是 1922 年 6 月 14 号建立的。现在这个自律的职业机构已经拥有了大约 80,000 安大略省职业工程师并且设立了在安大略省范围内的对工程领域的各种行业规范。这对于安省的工程界有着举足轻重的影响。加拿大安大略省的职业工程师协会囊括了各种执照申请，工程职业规范批准和对每个职业工程师行为操守的年度考核和执照颁发。它为广大安大略省的职业工程师们树立了一个标准和给予了职业工程师们一个交流学习，不断进步和维护公共利益的一个空间，是职业工程师们成长和发展的摇篮。

目前 PEO 有 36 个分部遍布于安大略省的五个区域。这些职业工程师分部都有超过 50 年的历史了。当时成立时，PEO 是作为一个桥梁连接职业工程师顾问职能和广大会员。而今天 PEO 从当初很简单的机构变成了具有很大功能的职业规范认证机构，还不断发展了很多很好的项目程序，帮助新的实习工程师们增长知识，资深的职业工程师们发挥自己的能力来举办讲座，将科学技术普及开发，为安大略省的生产建设起到了非常重要的作用。

安大略省职业工程师有两个区域性的办公处，它们分别是北部地区 the Northern Regional Office 办公处，坐落在 Lakehead University 的工程系 和西部地区办公处 the Western Regional Office 坐落于 Western University 的工程系。这两个区域办公处主要提供对 PEO 的管理支持，向广大工程界的学生推广工程职业规范和教育。

如果你需要更多的信息，可以玩玩 PEO 的网站 www.peo.on.ca 也可以通过电子邮件 nro@peo.on.ca 联系北部地区办公处，或者通过电子邮件 wro@peo.on.ca.联系西部地区办公处。

对于实习工程师们，PEO 有设立专门的实习工程师一系列程序帮助他们学习晋升自己的技术经验。有专门注册的 Engineer In Training (EIT) 并且帮助他们获取必要的知识去申请和考取加拿大安大略省的职业工程师执照。

⟐ 加拿大安大略省地理科学协会

Professional Geoscientists Ontario (PGO)

加拿大安大略省地理科学家协会 Professional Geoscientists Ontario (PGO)跟 PEO 一样是一个自律的管理其职业地理科学家在安大略省从事职业工作的管理机构。该机构由加拿大能源管理处，北部地区发展和矿业部门监管。其组织有 21 个成员组成的顾问委员会，主持日常公务。

加拿大安大略省地理科学家协会 Professional
Geoscientists Ontario (PGO) 创建于 2000 年 6 月 23 日
。

如果你需要查询更多有关该协会的信息，请访问其官网
https://www.pgo.ca/home。可以搜索到更详细的内容。

 🌿   大不列颠哥伦比亚省职业工程师和地理科学家协会
     Engineers and Geoscientists British Columbia

大不列颠哥伦比亚省的职业工程师和地质科学家协会是
该省的对工程师职业和地质科学行业的进行规范管理的
权力机关，具有执行行业标准，颁发职业工程师执照和
各种职业证书的管理机构。

该协会主要以保护社会公众利益，保持维护高标准的工
程领域的学术要求和规范，在全省范围内管理着大约
34,000 会员并且根据大不列颠哥伦比亚省的法令法规进
行该行业的对各种工程技术人员从事各种工程行业和地
质项目实行监管功能。

该协会是一个在大不列颠哥伦比亚省选举的顾问会员会
指导下建立的非牟利的组织，从事着对会员选举，执照
申办，以及政府官员的指定功能。其作用主要是对该省
范围内注册的职业工作者提供相应的服务。该协会以维
护良好的高水平的工程领域法令法规和规范为准则，同
时维护社会公众的安全利益为准绳，行驶该协会的各种
管理功能。如果你需要了解更多详情，可以参观其官网
https://www.egbc.ca，查询所需信息。

+ 阿尔伯达省职业工程师和地理科学家协会
  The Association of Professional Engineers and
  Geoscientists of Alberta (APEGA)

阿尔伯达省职业工程师和地理科学家协会是在 1920 年
4 月 10 日成立的。它主要功能是对阿尔伯达省的工程
和地理行业的职业规范进行管理。这是加拿大西部地区
最大的自律的职业协会。担负着对阿尔伯达省的职业工
程师和地理科学家资历的认证和考核，已达到为该省所
认可的道德标准，职业规范和技术经验要求等等。在取
得该协会的职业认证后，获得在阿尔伯达省从事职业工
程师及地理科学家相应的职业活动。

+ 曼尼托巴职业工程师及地理科学家协会
  Engineers Geoscientists Manitoba

曼尼托巴职业工程师及地理科学家协会负责管理曼尼托
巴职业工程师及地理科学家们的工程和地理行业的职业
规范监管，执照申办和审批以及规划本省的职业行规发
展计划和执行，以保证对社会公众的安全，利益及维护
本行业职业标准起到监管作用。

如果你希望了解如果你需要了解该协会更多的详情，可
以参观其官网 http://www.apegm.mb.ca查询更多资料。

+ 纽芬兰拉布拉多省职业工程师和地理科学家协会
  Professional   Engineers   and   Geoscientists
  Newfoundland & Labrador (PEGNL)

纽芬兰和拉布拉多省职业工程师和地理科学家协会以前称为 the Association of Professional Engineers and Geoscientists of Newfoundland (APEGN) 主要是负责监管这些职业的规范，行业标准，已经对社会公众的安全利益起到保护作用。该组织主要是根据纽芬兰和拉布拉多省职业工程师和地理科学家协会颁布的法令 The Engineers & Geoscientists Act 2008 of Newfoundland and Labrador. PEGNL 来执行的对该职业行规的监管。大约有 5,000 的会员 200 个义工参加本协会的各种活动的安排和组织。如果你需要了解更多详情，可以参观其官网 http://www.pegnl.ca，查询所需信息。

- 加拿大西北地区职业工程师，地质学家和地理科学家协会
  The Association of Professional Engineers, Geologists and Geophysicists of the Northwest Territories (NAPEGG)

在 1969 年，一批工程师和地质学家建立了加拿大西北地区职业工程师协会。最终该协会在 1979 年得到法律认可而成为加拿大西北地区职业工程师，地质学家及地理科学家协会 the Association of Professional Engineers, Geologists and Geophysicists of the Northwest Territories (NAPEGG).

在 1999 年，4 月 1 日，在加拿大政府成立了努纳武特特区。在同一时间，加拿大西北地区职业工程师，地质学家和地理科学家协会 NAPEG 获得监管努纳武特特区工程师，地质学家和地理科学家职业行业规范的责任。

在 200 年 5 月 1 日，新法规在加拿大西北地区和努纳武特特区的职业规范得到落实。在这个法令的执行下，该协会也正式更名为加拿大西北地区职业工程师，地质学家和地理科学家协会 Northwest Territories and Nunavut Association of Professional Engineers and Geoscientists (NAPEG).

加拿大西北地区职业工程师，地质学家和地理科学家协会 NAPEG 是负责在加拿大西北部地区，包括努纳武特特区的职业工程师，地质学家，地理科学家的职业行业规范的执行，职业工程师的执照申办审批及建立和维护职业工程领域的职业道德准则，维持行业的行业标准的技术水平，对社会公众的安全利益的保护。如果你需要了解更多详情，可以参观其官网https://www.napeg.nt.ca，查询所需信息。

在介绍了加拿大个省的职业工程师，地质学家及地理科学家的协会以后，我们在看看加拿大国家级的职业工程师协会和组织。

 ♣ 加拿大国家职业工程师协会

The Canadian Society of Professional Engineers (CSPE)

加拿大国家职业工程师协会是加拿大国家性的组织，主要是对各省和各地区的倡导加拿大职业工程师的会员服务。是一个在 1983 年成立的非牟利的组织。加拿大安大略省职业工程师社团 The Ontario Society of Professional Engineers (OSPE) 是第一个加入该加拿大国家职业工程师协会的管辖的组织。如果你需要了解更多详情，可以参观其官网https://cspe.ca，查询所需信息。

另外一个值得一提的是加拿大工程师协会 Engineers Canada，下面是对该协会的一些介绍。

加拿大工程师协会
Engineers Canada

加拿大工程师协会 Engineers Canada 是基于工程领域的职业荣誉，诚信和利益而成立的。主要代表在加拿大的这样职业的发展壮大和对其职业规范的保持高度的规范的一个职业团体。在该组织成立的 80 年的时间里，加拿大工程师协会和各省，各地区的职业工程师协会紧密合作，积极发展，为加拿大全国 295,000 名职业协会会员做出了很多贡献。

加拿大工程师协会主要集中于建立加拿大工程师核心机制。该协会主要负责评估加拿大大学本科的各种工程类专业的教育水平和提供给各个省和地区职业工程师协会参考的各种学历认证，帮助各职业协会维护合格的工程专业的教育水平，保持工程领域的职业标准和协调加拿大工程师职业人士的人才流动。如果你需要了解更多详情，可以参观其官网 https://engineerscanada.ca，查询所需信息和资料。

Q14. 怎样判断是否在加拿大进行职业工程的工作？

在加拿大职业工程师法令的要求下，任何执行职业工程师工作的行为都必须受到规范。这就意味着任何计划，设计，制定，评估，宣传，报告，指导和监督工程领域的符合工程原理和性质的行为，尤其是关系到大众生命安全，健康，财产，经济利益，公众福利或环境等等，都属于职业工程的内容。

通过这些方面的审视，你可以是否从事职业工程的工作。同时你也可以通过和当地的职业工程师协会联系，询问具体的工作内容是否需要有申请职业工程师执照的要求。

Q15. 怎样在加拿大申请职业工程师执照？

工程类和地理科学都是加拿大收到行业规范的职业。在这里我们以加拿大安大略省职业工程师协会为例，说明一下一般申请加拿大职业工程师执照的程序和要求。如果在加拿大安大略省，你希望申请职业工程师执照，一定要达到以下要求;

- 年龄至少大于 18 周岁。

- 有良好的性格。

- 必须达到加拿大安大略省 PEO 的各种对教育学历的要求，具备达到加拿大工程教育评估机构 Canadian Engineering Accreditation board (CEAB)-accredited program 认可的大学本科毕业的学士学位或同等资格的教育背景。如果被 PEO 要求通过技术测试考核，则必须完成所有规定的考核。

- 满足在至少 48 个月的在加拿大职业工程师指导下的在加拿大的国家区域内的工程工作的实习。

- 最后是成功通过加拿大职业考试 Professional Practice Examination (PPE).

申请加拿大职业工程师执照的程序是比较细致的，而且根据每个申请者的不同教育背景，技术经验和实际工作情况都会有所不同。这里我们对大家可能感兴趣的一些申请程序中的重要的部分做个介绍；

对于在做实习工程师的申请者，可以在 PEO 注册 PEO's Engineering Intern (EIT) program，在达到 PEO 的要求和缴纳每年的会费后，可以参加 PEO 组织的帮助实习工程师的指导和帮助工程学毕业生学习积累所需的工程经验。需要说明的是，这只是指导性的项目，并不是真正的在公司里实习的过程。

在 2019 年 5 月 1 日后，在你离毕业 6 个月以内递交申请的人士，PEO 将会给你补贴执照申请费用和免除第一年注册 Engineering Intern (EIT) Program 的费用。

对于国际学历的工程类专业毕业生希望申请加拿大工程师执照的，PEO 也可以允许在拿到加拿大公民或永久居留证之前就可以开始申请。

从加拿大其它省份或地区因为搬迁而需要转换职业工程师执照的的工程师们，是不用担心需要重新申请新地区的职业工程师执照。加拿大的职业工程师协会都有一致的标准，如果你在原住地的职业工程师执照是有良好的记录，你是可以将原住地的职业工程师执照直接转换至新的地区的职业工程师执照，而不需要重新递交学习成绩单和重新再通过 PPE 职业工程师的认证考试的。

有关具体申请，你可以参阅 PEO 的官网了解。如果你希望得到中英文双语的免费的对自己个案的咨询，可以联系 KEBY 职业精英俱乐部，直接电邮 member@kebyclub.online 也可以查阅其网站 www.kebyclub.online 了解更多具体对自己职业发展的内容。

Q16. 在美国和加拿大，还有哪些工程类的协会对工程专业的毕业生和职业人士有帮助？

在美国和加拿大，有很多其它的工程领域相关的协会和组织，我们例举一些供大家参考。

在加拿大，对于学习工程领域专业的学生，以下几个可以关注一下。

The Engineering Institute of Canada (French: l'Institut Canadien des ingénieurs)

Institution of Mechanical Engineers (Canadian Branch of the IMechE)

Canadian Maritime Section of the Marine Technology Society

Canadian Nuclear Society

Canadian Society for Civil Engineering

Canadian Society for Chemical Engineering Ontario

    Engineering Society of Queen's University

    UOIT Engineering Students' Society

Engineering Society of Lassonde School of Engineering, York University

在美国，工程师的协会组织也分各州的和国家的级别。主要的在美国的工程师的组织协会可以参考以下的机构：

Alpha Omega Epsilon

Alpha Pi Mu

American Academy of Environmental Engineers

American Association of Engineering Societies

American Helicopter Society

American Indian Council of Architects and Engineers

American Indian Science and Engineering Society

American Institute of Aeronautics and Astronautics

American Institute of Chemical Engineers

American Nuclear Society

American Railway Engineering Association

American Society for Engineering Education

American Society of Agricultural and Biological Engineers

American Society of Civil Engineers

American Society of Heating, Refrigerating and Air-

Conditioning Engineers

American Society of Mechanical Engineers

American Society of Naval Engineers

American Society of Plumbing Engineers

American Society of Safety Engineers

American Society for Nondestructive Testing

American Welding Society

Architectural Engineering Institute

ASM International

Association for the Advancement of Cost Engineering

Association for Computing Machinery

Audio Engineering Society

Biomedical Engineering Society

Chi Epsilon

Engineering Society of Buffalo

Eta Kappa Nu

Institute of Biological Engineering

Institute of Electrical and Electronics Engineers

Institute of Industrial and Systems Engineers

Institute of Transportation Engineers

National Academy of Engineering

National Society of Black Engineers

National Society of Professional Engineers

Order of the Engineer

Pi Tau Sigma

Society for the Advancement of Material and Process Engineering

Society of American Military Engineers

Society of Automotive Engineers

Society of Broadcast Engineers

Society of Fire Protection Engineers

Society of Hispanic Professional Engineers

Society of Manufacturing Engineers

Society of Naval Architects and Marine Engineers

Society of Petroleum Engineers

Society of Women Engineers

Tau Beta Pi Tire Society

在美国，每个州也象加拿大的每个省或地区一样，有自己的职业工程师的协会。在美国，也是由各州的职业工程师协会来组织和监管工程领域的行业规范，执照申办和审批。

Q17. 怎样在美国获得职业工程师执照？

在美国，工程领域也是受到国家法令规范的行业，各州都有自己的职业工程师协会来监管各个工程行业的标准要求。你如果要进行职业的工程师专业的工作，是需要申请美国的职业工程师的执照，也就是　　所说的 P.E. license. 我们下面以美国纽约州为例，探讨一下这个内容。

美国纽约州大约有近 750,000 名职业工程师和超过 30,000 职业工程的商业执照，这些技术人士遍及 50 多个职业工程领域。

在纽约州的教育统一机构指导下，纽约州对其职业人士供职于工程领域的行为规范和教育要求等等进行了严格的要求。

对申办职业工程师执照的主要要求是：

一名纽约州批准的职业工程师 PE 需要至少 12 年的教育培训和经验积分，而且需要通过 16 小时的国家执照考核。大部分的纽约州的职业工程师具有 4 年本科毕业的教育背景，在经过一定时间的实习工程师　的工作，很多工程师具有硕士的学历水平。

在纽约申请职业工程师执照，需要了解的是这个审查批准机构是 New York State Education Department，其通信地址和联系信息如下：

New York State Education Department

Education Building

Division of Professional Licensing Services

Engineering/Land Surveying Unit

89 Washington Avenue

Albany, New York 12234

Phone: (518) 474-3817 Press 1 then Ext. 250

这里值得一提的是美国国家职业工程师社团组织
National Society of Professional Engineers，它的通信地
址和联系方式如下：

National Society of Professional Engineers

1420 King Street

Alexandria, Virginia 22314-2794

Phone: (888)285-NSPE (6773)

Fax: (703) 684-2821

你如果需要了解更多详情，可以参观其官网
http://www.op.nysed.gov 可以查询到更多资料。

以下介绍几个有代表性的美国职业工程师协会和它们的
情况供参考。

- 德克萨斯州职业工程师协会
  Texas Board of Professional Engineers

德克萨斯州职业工程师协会是参与管理规范德克萨斯州
的职业工程师的权力机关。主要负责维护工程行业的规

范实施，保持行业规范，和保护公众安全利益。同时负责申办审批符合德克莎斯州职业工程师条件的申请人，使之符合本州的教育要求和技术水平。有关具体详情，请参观其官网http://engineers.texas.gov，了解更多信息。

♣ 加利福利亚州职业工程师组织 NSPE- California

加利福利亚州职业工程师组织 NSPE-California 是强化和提升职业工程师在工程领域的行为操守，行业规范的机构。加利福利亚，和美国其它 50 个州一样，要求工程师们在获得正规执照后实践自己的职业工程师工作。你可以参观其官网www.nspe-ca.org/home 了解更多信息。

所有的美国 50 个州都有相似的实习工程师考核 the Engineer-In-Training / Engineering Intern exam 和要求获得一定要求的职业工作经验，同时在成功通过职业工程师考核就是 of the Principles and Practice of Engineering exam （PPE）考试后才能取得职业工程师资格。

Board for Professional Engineers, Land Surveyors, and Geologists 其主要负责维护加利福利亚州职业工程行业的规范实施，保持行业规范，和保护公众安全利益。同时负责申办审批符和该州职业工程师条件的申请人，使之达到本州的教育要求和技术水平。

该组织将加利福利亚州的职业工程师执照申办分为三类：(1) practice act, (2) title act, and (3) authority. 第一类是指象建筑，电气和机械类的工程类别，其主要职能是实践，是对相应专业的工程领域内的工作实际操作。第二类是指象农业，化学，控制，防火，工业，金属业，核工业，石油和交通业，这类职业是在任何情况下在获得职业工程师执照后可以使用其职业工程师称谓。第三类别是指加州只对工民建工程的两个工程类分支授权，及结构工程和土工工程实行。在通过职业工程师的申请考核后，在这两个领域内工作的工程师获得的是这个详细分类类别下的执照。

有关跟多的申办职业工程师执照的具体详情，请参观其官网，https://www.bpelsg.ca.gov 了解更多信息。

当然在特殊工作环境下，也会有一些例外。有一些在特定工作条件下的制造业，为政府或军队工作的职位。并不需要成正规的拥有工程师执照的职业工程师。

事实上，在美国工程专业毕业的大学生也只有小部分人成为职业工程师 PE 而大多数人则从事了工程领域中很多不需要职业工程师执照的工作。必须警惕的是，如果你违反职业工程师规定的行为准则，在没有执照情况下，去参与工程设计等等职业工程师的工作，那么是会收到非常严厉的惩罚。

在美国，职业工程师的资格认证需要经过几号年的时间复杂的程序。即便是在美国学习工程专业的大学毕业生，也是非常不容易的。因为其中包括了教育背景，实际经验和职业的考试。

第六章 工程领域工作申请策略

工程领域的工作申请和一般职业有很多不同，主要是先让雇主能够对你的工作经验和知识背景有兴趣，因此你的英文简历一定要专注于自己懂的专业知识和工作经验上。简单和笼统的简历即使没有任何差错也不能入这些雇主的法眼。

在准备简历时最好准备两份简历，一份是简单的统一简历，主要描述自己的职位目标，擅长领域，专业技能，知识经验，教育背景。一般一另外一份则是技术简历，是包含自己较为具体的工作技术术语，所用设备，完成项目，获奖奖项，工作资历和教育背景。一般以两到三页为佳。

一般工程类的面试都会各不相同，但是还是很多时候都会有相似的问题出现，以下是集中的英文面试关键试题

1.   Please tell me about yourself.

2.   Why should I hire you?

3.   Can you describe your dream job?

4.   What are your short-range and long-range goals?

5.   What are two or three most important things for you in a job?

6.   How do you set and manage goals?

7.   What is the most challenging thing that you've ever accomplished?

8.   Can you tell me about a recent achievement that you're proud of?

9.   What special traits do you have that make you well-suited for this job?

10.   Can you describe a time when you felt under pressure to perform? What was the outcome?

11.   Do you prefer working alone or in teams?

12.   Tell me about your biggest weakness.

13.   Can you give me an example of when you disagreed with your boss or coworker and how you handled it?

14.   What interests you most about this position?

15.   What would you change about yourself?

16.   What specific goals, other than those related to our occupation, have you established for yourself for the next five years?

17.   Why are you leaving your present job?

18.   What are you looking for in your next job?

19.   Are you willing to do the relocation for this job?

20.   Where else are you interviewing?

If you are interviewing a middle career position, then you may want to prepare the following questions for yourself.

21.   There are times when a company's decision must be made quickly, and how do you handle this situation, please describe a situation about it.

22. Tell me how well you meet deadlines and give me an example about a time that you have a very tight deadline to meet.

23. Give me an example if something went wrong, or something unexpected happens, how do you deal with it? What was the outcome?

24. Give me a situation in which you were selected over your peers to complete a project? What is the situation, and what is the outcome?

25. Tell me about a time when you dealt with a conflict with a coworker?

26. Give me an example you made a difficult career move.

27. Give me an example of a situation in which you took specific steps to meet your career goals?

28. How do you keep up with today's technology and new ideas about our industry?

29. Tell me about the most competitive situation you have experienced and what's the result?

30. Tell me about a time you interviewed someone else's work to ensure the quality standards were met.

31. Give me an example when you have a conflict with a coworker, and how did you handle it?

32. Describe a time when you were given a task that is not part of your job description.

33.   Tell me an example of your work as a creative problem solver?

34.   Tell me a time that you have to correct a mistake at work, and what was the outcome?

35.   Describe a time when a peer criticized your work in front of others. How did you handle the situation, and what was the outcome?

36.   Describe a time you have a difficult coworker in your team, and what have you done to resolve a conflict with this person?

37.   Have you ever worked on multiple projects simultaneously, and how do you prioritize your work assignments?

38.   Have you received any rewards awards at work, and what are they?

39.   Have you ever written any papers on a technical subject and attend conferences in the past?

你在准备面试时，不论你是希望成为本专业的专家还是以后希望进入自己工作领域的管理岗位，都需要考虑

"What do you want to be in five years？"这个问题不论在面试时是否会问到，都需要花时间去思考和准备。因为一个职业工作者如果没有明确的理想，和对自己理想而制定的一系列计划是几乎完全不可能成功的。面试考察的不是你一个人，而是择优录取，是考核最优秀的最适合这份职位的人。

在自己工作中，不要错过任何机会去锻炼自己，去在实践中磨砺和成长。比如，如果你的公司有一个去各部门巡回实习的机会，你可以考虑是否对自己的发展有益，大胆地申请和去历练自己。

在北美，工作不是"铁饭碗"，是一个不断变换和前行的事业道路。没有人会承诺你永久工作。即便这里称长期工作为永久职位，只是意外着公司对这个岗位有长远计划，也因此考虑稳定的福利待遇。任何人，不论是CEO还是一般员工，在北美都是聘用制，随时都可能有离职或者变换工作的可能。但是如果你具有很好的资历，工作业绩优良，除了你的行业出现整个行业的衰败，那么你是不用担心自己找不到好的工作或者失业的问题。所以要想自己的事业发展顺利，唯一的解决方法就是提高自己的工作实力，才是永葆自己事业工作稳定的方法。

很多人喜欢本着加官升职的想法，在没有对自己进行深刻的了解，认识自己的强项和弱点，而盲目制定自己的理想计划，这样的情况只能是没有任何效果。因为你如果不能客观地了解自己而制定出扬长避短的计划，是无法在现代职场强烈的竞争环境中生存发展的。

无论在面试中，还是在现实工作中，你都需要对自己的事业做规划。应该计划自己短期（一般1至2年），中长期（3年到5年）和长远计划（10年或以上）。 特别对于新入职不久的员工，自己需要根据自己的实际情况和条件了解和寻找到正确的事业发展方向。这一步非常重要，因为这个决定会影响你自己是否能在预定的计划内实现自己的目标。

例如，你如果喜欢管人，喜欢和人打交道，而且很有搞好各种人际关系的能力，在工作中服众，那你可能就是我们通常所说的"management material"就是管理人才的意思。那么你可以制定一个自己向管理方向发展的长远计划，可能考虑最终的事业目标为本部门经理，或者高管，向管理层的职业方向前进。

如果你虽然喜欢管理，但是平时沉默寡言，喜欢自己一个人清净，那你需要懂得自己不论怎样喜欢管理这个方向，是不适合去把管理作为自己事业目标的。而是应该认清自己的实际情况，寻找其它适合自己发展和特点的事业发展方向，比如成为本专业的技术专家等等。

除了制定自己的事业计划，还要定期地查看自己的进步和对目标的执行情况，以便根据新的条件和变化进行调整，使自己永远走在自己事业发展的最前方。诚实地对待自己的优势，和弱点，扬长避短，以便发挥自己最好的，回避减弱自己最不擅长的或者不够优秀的地方，这样才能很快地找到自己真实的事业跑道，而在赛场上创造出优异的成绩。

第七章 怎样申请世界五百强企业职位

很多人在自己事业发展中，会遇到不少事业良机，进入世界五百强公司工作。那申请世界五百强企业的职位有哪些技巧和需要做哪些准备呢？以下我们就介绍以下这方面的情况。

其实申请世界五百强企业职位和申请其它公司并没有什么太大差异。真正取决成败的关键就是两个方面：你是否具有达到世界五百强企业工作的实力和你是否能在多次的面试中脱颖而出，成功拿到 Offer。

大约 90%左右的申请者一般都达不到被世界五百强企业提名到面试短名单上，因为他们的工作经验，技术技能和没有具备能够正确代表世界五百强企业的外在条件。这其中不是这些人在自己目前公司工作的能力不好，而是他们的状态无法适应世界五百强公司的用人条件和要求。世界五百强企业对技术型的人才的用人要求主要有五个方面：

- 良好的和本职位相匹配的教育背景和技术背景

- 优秀的在大公司的工作经历和处理多项合作的经验

- 专业的口头和书面英文表达交流能力，英语发音几乎没有口音和错误

- 有非常强的独立工作和随机应变能力，和可以和客户和合作伙伴达成非常融洽的合作

- 良好的职业道德和修养，对外开会和处理紧急问题能很好的代表公司形象

下面我们谈谈以下可能遇到的世界五百强企业面试的方式和需要注意的事项。

　＋　电话面试

一般世界五百强公司的面试第一步是你和这些公司雇佣的专业猎头或者公司本身的人力资源部的初步筛选者的电话面试。通常这一步是通过电话来进行的。

从这时开始，你就需要开始做好自己的 homework 就是记笔记。首先一定要注意和任何该公司的人员的交流情况。不要随意接听电话。一定要在自己准备好和方便回电话的情况下，才和对方交谈。避免在马路上，汽车里，办公室谈论新职位申请的情况。因为作为一名优秀的世界五百强企业的员工，你需要有非常专业的待人接物的素质和非常敬业的对每个电话和对待每个人专注的习惯。所以你需要懂得尊重和对方交流的时间，就是在安静的环境下，彼此方便时，切入重点地讨论需要交流是事情。

一般这个电话面试的时间会有 30 分钟到 1 个小时的时间。如果该公司的雇佣程序是很多次的筛选，那么可能第一次的电话面试会比较短些，主要是考察你的基本的情况是否符合需要。不管怎样，你都需要做好充分的准备，如实准确地回答对方的问题。

你需要了解的是这个环节一般不涉及技术专业的考察。你需要注重的是个人基本的工作经历，擅长专项，技术实力和自信可靠的态度。但也可能对方会问你一个或几个技术题，就是招聘公司的技术专家准备好的，会给你几个选项。而负责初选的人只是按照给的答案给你打分。这个过程是一个淘汰赛，你懂得就好。

不管怎样，在完成面试后。最后，一定不要忘了谢谢对方的时间和考虑。一般不需要问对方是否需要跟进

Follow up 因为是筛选，只有对方认为达到要求的才会给第二次面试。最多问下什么时候可以得到对方的通知，你职业化地做好该做的就可以了。

笔试面试

一些世界五百强企业对用人的技术规范和教育背景非常关心，它们会对面试者采用先笔试后面试的方式考核应聘者。一般的笔试时间不等，有的一两个小时，有的好几个小时。如果你申请的职位牵涉到具体仪器设备，可能会遇到实际操作的现场考核。所以这种面试是非常动态的一种面试方式。一般这种面试，对方会在面试的交流电子邮件或是和你电话沟通中，会说明有笔试或现场操作的考试。所以你可以进行准备。

除了额外的笔试和现场考核外，剩下的面试和一般正规面试没有太多差异，时间也不会有很多不同。

技术电话面试

一般在世界五百强公司觉得你基本符合它们的用人要求，而需要进一步筛选，主要考察技术专业能力是否和它们的工作环境相符。一般可能采取一个电话的技术面试，一般会有用人经理，公司的技术骨干和你将来可能会一起工作的专家一起做过电话的技术面试。大家会和你一起讨论你目前使用过的系统，设备，技术方面的故障处理等等，了解你和本职位的工作相关的技术方面的情况。这种面试难度较大，因为你无法面对面试官，而且由于没有面对面交流的可能性，对技术问题理解比较有挑战性。但是如果遇到不懂的问题，一定不要装懂，盲目回答。而要客气地详细反问对方解释一下问题，彻底弄清楚问题后再回答。

⬇ 现场面试

在经过多次筛选的面试后，如果你通过了，一般世界五百强公司会让你到公司做现场面试。一般会安排你的往返机票，出租车或租车，宾馆住宿，有些会包含你的餐饮有的不会。因为你需要自己开车或者坐车去公司，没有任何人会来接你或者帮助你安排面试。总之，你需要全力以赴地做好面试准备。一般这种面试会有一两天的时间，尤其是面试服装需要准备两三套正装。以便不时之需。

去参加面试前，确认面试时间地点。一定落实好和谁见面，进入公司的环境和联系人是谁，电话号码和电子邮件都要搞踏实。也需要自己提前查好公司地址，安排好自己的行程。这个面试一般是全面的技术和用人的双重考核的面试，你一般会见到你的未来上司，和将来一起工作的同事。

⬇ 考核团队面试

这个在世界五百强企业的面试中可以说的必须的。几乎所有正规面试都有几个面试官共同参与和你的面谈。这些人中有你未来的上司，你的同事和可能和你即将接手的工作息息相关的重要联系人或部门领导或同事。总之，这种面试是最重要的一环。你也可以通过这个过程了解未来的职位相关的情况，在正确完美地回答对方问题之后，在轮到你提问时，你可以仔细询问你所关注的对应聘的职位的问题。从而了解该公司是否适合自己发展，感觉未来的上司和同事是否可能建立良好的沟通和工作关系。虽然面试不能完成展现未来职位的全部情况，但是你还是可以根据和他们的接触了解对方的工作环境，工作作风和可能的工作状态，以便自己对自己的申请做正确的选择。

♣ 午餐、晚餐面试

这种特殊面试一般是对应聘职位具有需要独当一面能够成功应对客户和对外合作伙伴要求的这一类职位设立的。一般是在用人公司经过了正规面试，而你表现优异的情况下，用人经理可能会安排的一个特殊面试。一般用人经理会约你参加午餐或者晚餐，可能和其他面试官一起，也可能只是你未来上司。总之，你千万不能放松警惕，因为这个面试才是对你是否获得这个职位举足轻重的一环。

如果是和所有面试官一起参加的午餐或晚餐会，那你需要和正规面试一样的准备，集中精力在他们可能问到的工作和业余的话题。也许是他们也想了解你是否很好相处，在工作中和工作之余，是否可以和团队协调一致。未来上司主要希望考察你是否值得信任，工作和待人处事的能力。如果你申请的职位需要经常出差和客户及合作伙伴交涉，那么你会被主要考核的就是用餐和待人接物的礼仪和方式。

虽然每个人对这些都有不同认识和标准，但是你需要表现的是职业化。确保你的面试官了解你可以成功胜任未来工作的职能。在外出开会和面谈业务时，能做的不卑不恭，礼貌职业。有良好的形象，可以代表公司的职业水平。

谈到用餐礼仪，我们在这里给大家讲解一下。在北美，对于一名高级有水准的专业白领，一般用餐应该保持良好的仪态和仪表。就是如果和客户，公司合作伙伴进餐，一般应该正装出席，处理日常的工作餐。在饭桌上，可能会谈及到工作的事情，但是一定不用主动谈及。而且尽量在饭后在聊工作的事。主要要让客户或合作伙伴感觉轻松，能和你和谐地进餐。在进餐中，喝汤的话，一定不能有声音。也要注意自己的仪态，保持优雅的气质和关照客户或合作伙伴的需要。

点餐时建议不要点萨拉，因为蔬菜叶子很容易粘到牙齿上，而一般这种场合不方便清理，会很尴尬。北美习俗都是独立点餐，每个人一般不和其他人分享食物。这点需要注意。另外，在点餐时，不管你平时多么喜欢大蒜，洋葱，等味道特殊而浓烈气味的食物，在面试和商务会议时一定不能点，因为浓烈的口气会影响别人和你的交流，达不到好的效果。

一定注意北美的习俗，平时掌握好西餐的规矩。不要做有损形象的事情，比如剔牙，整理头发或者弄出各种声音等等。在北美，饭前饭后一般都会有一杯清水供你喝，你需要用它清清地安静地清理一下口腔。如果有机会，不妨去餐厅洗手间整理一下自己的仪表。

如果是面试，难免会被问到一些比较私人的问题，比如上司希望了解你的大概生活情况和家庭情况，看看你将来独自出差旅行会不会有问题。你应该如实合理地回答，但是尽量保持简单职业化，集中于和申请职位相关的部分。不需要象查户口一样详细。注意保护自己的隐私。

♣ 情景面试

有的公司在雇佣新员工时，会做一些特殊的情景面试，一般是有特殊要求的职位而且一般具有挑战性的工作情况下。这种面试的设计有其特殊目的，面试者一定不要被这种状况吓怕了。

不管遇到任何状况，在面试时需要保持沉稳认真的态度。企业使用这样的特殊方法面试是希望考核应聘者在相似的情况下会做出什么样飞反应和是否达到公司用人的标准。

比如说你申请了一个极具挑战性的而且经常面临极大的工作压力，尤其是客户非常难于应付。那用人经理可能会对你的人际交流技能和工作态度会有考量。

也许你会在面试时遇到一些突发事件，而面试官们会根据你的表现来衡量你是否是他们需要的人才。如果遇到这类面试，或者在面试现场，遇到突发事件，你一定要保持冷静，做到自己的最好就可以了。

经典工程类世界五百强企业常问面试题库：

1.   Describe a situation you worked on a project when your role was not clearly defined. What was the situation, and what did you do about it?

2.   Describe a time you were given an unexpected task which has a conflict with your current project, what did you do about it?

3.   Which do you prefer, working independently or working in a team environment? Give a time you when you have to adapt to the team environment.

4.   Have you ever taken an assignment was outside the scope of your project work?

5.   How do you deal with delay and describe a time when you worked on a project, and the project was delayed, what did you do about that?

6.   Tell me a time you have to work with a person who has a high ego, and what did you do?

7.   Describe your technical competence on all your current projects and tell us what you think we should do to improve our current projects?

8.   How many years have you used this (specific technical testing equipment) at work and what are the advantages and disadvantages in your opinion?

9.   Tell me a time when you were challenged by a colleague. What was the situation, and what did you do about this situation?

10.   Can you tell me who is your favorite boss and what is the most important thing you worked with you?

11.   What is the reason you want to find a new job?

12.   How do you deal with criticism? How do you deal with negative feedback about your work?

13.   Describe a time you got an unsatisfied client, and what did you do about it?

14.   Have you ever initiated a process or procedure that helped your employer to reduce cost and save time? Tell us about it.

15.   What safety means to you, and how did you do to ensure your project work is done correctly?

16.   Which career path you prefer, a technical expert or a management role?

17.   Have you supervised junior engineers in the past, and what did you do?

18.   What communication methods you would like to use, email, telephone, face to face meeting, or remote video conference call?

19.   Describe your opinion on diversity and the experience in which you worked with a culturally diverse population.

20.   Have you written RFP documents, and what was the procedure you worked with before?

21.   Have you worked with contractors on difficult projects that were over budget, and how did you do?

22.   Have you ever given training at work for your peers or clients? How good are you in terms of presentation skills?

23.   Describe a time you improve your relationship with a colleague with conflict?

24.   Have you ever dealt with someone whose personality you clashed? What did you do to improve the situation? What was the outcome?

25.   Tell me a time you have to meet deadlines of multiple projects, and work with multiple teams, how did you manage your work in this situation, and if there were time conflicts between those projects?

26.   Describe a situation if you have to work with a very demanding person, how did you handle the situation? What was the outcome?

27.   Describe a time you show your leadership quality to resolve a work issue.

28.   What you do to improve communication with the stakeholders of your project. Have you ever pursued someone who is very difficult to please?

29.   What do you normally do when you find out other people's mistakes at work?

30.   If you were given the team leader's role, what you do to resolve differences among your team? What is the

process for you to make timely decisions? What was the outcome?

31.   How do you keep up with the recent new technology and professional development for yourself? What are the areas you think you need to improve on?

32.   What are the most important things to you at work?

33.   If you have to work overcome, do you have any problems, and how do you manage this with your normal family life?

34.   If your boss asked you to take over your peer's work to review and correct the mistakes your peer made, how do you do that, and what was the outcome?

35.   Have you ever training junior-level employees at work, and what did you do to ensure they can do work correctly if they are in your team?

36.   What would you do if you have to report to a person much younger than you?

37.   What if your colleagues do not agree with your ideas about work, how would you do to resolve the problem?

38.   If you need to travel frequently to other job sites, sometime you might need to travel internationally, would you feel it is a problem for your normal life?

39.   Can you work under pressure could you give us an example?

40. Do you socialize with our coworkers after work? What is your view of being professional and being sociable?

41. How do you improve your technical skills, and what methods have been using?

42. How do you manage your customer's expectations and if your customer asked you to change, or add other services to your current work, what would you do?

43. How do you resolve a conflict with your peers at work? Give us an example.

44. What do you see yourself in five years? What are the career goals you set up for yourself?

45. We often have customers to change their original work scope and plan, but this would make big trouble for us on the project schedule and the extra work we must do to satisfy customers? What should we do?

第八章 北美职场成功转职跳槽

在北美，职场是大家非常关注和对自己事业及家庭都非常重要的地方。因为每个人在工作中都需要不断进步，让自己在事业上成长，在经济上升职加薪。在这条道路上，我们需要注意的规则是什么，这里我们谈下几个值得注意的地方。

一般在工作单位，用人公司都希望工作好的员工能安心工作，不跳槽。但是现在社会企业已经不再是以前传统企业会给员工非常稳定的，可以工作几十年而拥有终身生活保障的地方。很多的企业在现代社会激烈的竞争环境下和巨大的生存压力下，不得不削减经费，精简机构，裁员重组。因而现代员工不得不为自己的未来打算。在一个企业工作，已经不大可能拥有终身的依靠。因此，如果你的工作环境需要你做出事业的重新选择，你是没有太多余地的。然而，怎样做好自己新的选择就显得非常重要。以下我们就谈及一些在北美职场成功转职跳槽需要注意的事项。

如果你目前的工作在公司里进行良好，你已经在公司工作了好几年，而你目前部门正招聘比你职位高的机会，那你可以看看自己是否可以胜任。如果可以的话，你可以考虑和你上司在时间合适的时候，谈一谈你的想法，看看领导的看法。一般来说，如果你的领导有意提拔你，一定会找机会和你谈。如果没有，说明你上司心目中可能有合适的人选或者期待招聘到其他人。这种情况下一般是因为目前部门没有适合的人才。那你应该考虑的是自己是否可以创造条件，让自己成为合格的人选。那么第一步你需要做的就是，和你上司讨论听听你领导心目中需要怎样的人才。而自己是否欠缺一些必要的技能和经验。如果和领导会谈结果是正确的，那么你需要做的的询问领导是否可以在找到合适的人才以前，给你一些锻炼机会。比如做一些该职位需要做的工作任务。如果你可以在短时间内胜任这些新工作，那么你可以自信向上级提出面试新职位的要求，从而自己创造给自己升职加薪的机会。

如果你的部门非常慢节奏而且在未来很长时间里都不会有提升的机会。你可能需要看看公司内部是否有其它适合你发展空间的机会。

如果由于各种原因，你认为自己需要另外在其它公司寻找新的发展机会。你需要注意的是对原单位保持自己良好的工作态度和保质保量地完成工作任务的情况下，开始低调寻找自己的新的机会。最好最初阶段注意保密。以免引起不必要的问题和烦恼。

不管任何情况，在北美一定注意的是不要跳槽太勤。因为工作中总会是很多问题和困难等待你解决，不然公司没有雇佣你的理由。所以如果一个人跳槽太勤，会让用人单位认为不可靠和经不起考验的嫌疑。所以一般转换新单位都最好等着做满至少一年后再考虑转工。这里说的是从不同公司转工。不包括本公司内的职位变更。一般最好是在工作在同一岗位两三年后可以开始关注新的职位动向。

还有一点需要提醒大家的是，不管在自己事业发展上遇到怎样的挑战和人际问题，在面试时和以后工作中都需要正确对待。不要逢人倒苦水，在面试时大谈目前公司的不好，这对自己的事业发展不仅不能起到好的作用，只会让新的公司疑惑你的处事技能和以后和同僚相处工作的能力。其实一个强大的人，不管有多少问题和挫折，自己都能够凭借自己的努力和积极对待逆境的勇气找到正确的方向。

如果新的工作机会面试成功而你也决定接受的话，就要向目前的公司提出辞职而且做好一切因为你的离职而带来的影响。一般至少需要给原单位 2 周到三周的时间过渡或招聘新人。如果可能的话，你可以协助原单位把自己的工作交接给新人，帮助培训新人等等直到离开原岗位。在和原来上司和同事关系上，还是依旧保持职业化和良好的工作气氛。

我们都理解职场的不易，更需要懂得每个人都有一本难念的经。我们需要的是把握现在，放眼未来。如果自己目前工作环境或者机会不适合自身发展，就不要停留而开始寻找适合自己事业发展的空间。

最后我们希望每一个读者，在自己的事业发展中得到启发，不论在哪里，都能够在自己的工作上做出成绩，并让自己的事业在北美这片土地上开花结果，成功地实习自己的理想。

59225108R00060

Made in the USA
Middletown, DE
11 August 2019